Faucheville

Petite vie
de
Thérèse de Lisieux

DU MÊME AUTEUR

Aux éditions Desclée de Brouwer :

Un credo pour vivre (2ᵉ éd.), 1971.
Vivre Fidèle (3ᵉ éd.), 1973.
Vivre Dieu, 1977.
La vie du curé d'Ars (2ᵉ éd.), 1986.
Marie, servante et pauvre (2ᵉ éd.), 1987.

En collaboration :

Dieu est Dieu, La parole de Dieu à la télévision I, Coll. Foi vivante, 1969.
Chrétiens dans le monde, La parole de Dieu à la télévision II, Coll. Foi vivante, 1969.
Demeurez en ma parole, Méditations et prières pour le Jour du Seigneur. Année A, 1980. Année B, 1981. Année C, Le Cerf, 1979.

Aux éditions du Cerf :

Le courage d'être chrétien (3ᵉ éd.), Coll. Foi vivante, 1978.
Sainte Marie (pour enfants), 1979.
Cinq chemins de croix selon les évangiles (2ᵉ éd.), 1982, avec Etienne Charpentier.

MARC JOULIN

Petite vie de Thérèse de Lisieux

Desclée de Brouwer

Toutes les photos de cet ouvrage proviennent de l'Office central de Lisieux à l'exception de la photo p. 116 communiquée par la Direction du Pèlerinage.

76 bis, rue des Saints-Pères, 75007 Paris
ISBN : 2-220-02705-8

La petite fille Thérèse

Thérèse Martin naît à Alençon le 2 janvier 1873. Ses parents, Louis et Zélie Martin, assurent l'entretien de leur famille grâce à un atelier de dentelles. L'affaire est prospère et les Martin vivent dans une modeste aisance. Ils ont eu neuf enfants, mais à l'époque, la mortalité infantile est grande, et il leur reste seulement cinq filles : Marie née en 1860, Pauline en 1861, Léonie en 1863, Céline en 1869 et la plus jeune, Thérèse.

Les Martin sont des catholiques convaincus et fervents. Tous deux ont envisagé dans leur jeunesse des vocations religieuses. Ils en ont gardé de très fortes convictions qu'ils ont communiquées avec simplicité et profondeur à leurs enfants. Les parents vont chaque matin à la messe de très bonne heure et, dès qu'elles peuvent s'exprimer, leurs filles apprennent à prier. Le dévouement et le soutien envers les pauvres et les malades sont de chaque jour. Malgré les deuils successifs dus à la mort de deux petites filles — dont l'une avait cinq ans — et de deux petits garçons encore bébés, la famille est heureuse et paisible. Zélie Martin est très énergique et entreprenante, et elle travaille dur avec ses ouvrières. Plus discret, son époux s'occupe de la partie administrative de leur entreprise. De la petite Thérèse à trois ans, sa

Zélie Martin

Louis Martin

mère donne cette appréciation dans une lettre à sa sœur : « Elle est d'une intelligence supérieure à Céline, mais bien moins douce et surtout d'un entêtement presque invincible ; quand elle dit "non" rien ne peut la faire céder ; on la mettrait une journée dans la cave qu'elle y coucherait plutôt que de dire "oui"... »

Au moment de la naissance de Thérèse, la famille Martin habite une maison agréable avec un jardin dans lequel les enfants peuvent jouer et courir. Thérèse gardera toujours un sens vif de la nature, l'amour des fleurs, du ciel bleu, du soleil. Mais ce simple bonheur sera de courte durée. A la fin de l'année 1876, Mme Martin découvre qu'elle est atteinte d'un cancer du sein. On parle d'opération, mais il est trop tard. De Lisieux où elle est allée consulter un spécialiste, Zélie écrit à son mari : « Remettons-nous entre les mains du Bon Dieu, il sait bien mieux que nous ce qu'il nous faut : c'est lui qui fait

1876 - Thérèse à trois ans et demi

la plaie et qui la bande. » Avec un grand courage, elle continue son travail à l'atelier de dentelles et en famille, auprès de ses filles. En juin 1877, elle part à Lourdes avec les trois aînées. Elle constate au retour : « Je ne suis pas guérie, au contraire... Je ne me repens pas d'être allée à Lourdes... En attendant, espérons... » Après de grandes souffrances, vaillamment supportées, elle meurt le 28 août 1877.

A quatre ans, Thérèse, jusque-là petite fille heureuse et choyée comme la benjamine de la famille, est profondément choquée. Dans son journal rédigé en 1895, elle écrit à sa sœur Pauline : *A partir de la mort de Maman, mon heureux caractère changea complètement ; moi si vive, si expansive, je devins timide et douce, sensible à l'excès. Un regard suffisait pour me faire fondre en larmes (...) Cependant je continuais d'être entourée de la tendresse la plus délicate. Le cœur si tendre de Papa avait joint à l'amour qu'il possédait déjà, un amour vraiment maternel ! Vous (...) et Marie n'étiez-vous pas les mères les plus tendres ?* En effet, au retour des obsèques de leur mère, les deux petites Céline et Thérèse s'étaient jetées dans les bras de leurs aînées, Marie et Pauline. Céline disait à Marie : « Eh bien ! c'est toi qui seras Maman ! » et Thérèse : « Eh bien ! moi, c'est Pauline qui sera Maman ! »

Le frère de Zélie, Isidore Guérin et surtout son épouse, que les petites appellent tante Elisa, offrent au pauvre veuf de l'aider dans l'éducation de ses cinq filles. Pour faciliter les relations entre eux, il est décidé que les Martin vont venir s'installer à Lisieux où résident les Guérin. Louis Martin vend l'atelier de dentelles et il loue à Lisieux un pavillon agréable « Les Buissonnets ». Toute la famille s'y installe en novembre 1877.

Toute la famille aux Buissonnets

Marie s'efforce vaillamment de remplacer sa mère. Pauline prend plus particulièrement en charge l'éducation de Thérèse, Léonie devient pensionnaire chez les bénédictines qui dirigent le meilleur pensionnat de la ville, tandis que Céline y sera demi-pensionnaire. Pauline ne veut pas que Thérèse soit traitée en enfant gâtée et prend très au sérieux sa tâche. Thérèse a du mal à surmonter l'absence de sa mère. Elle dira par la suite que cette période de sa vie — de quatre à quatorze ans — a été la plus douloureuse de toutes : *Il fallait que personne ne s'occupât de moi pour que je sois contente, je ne pouvais pas souffrir la compagnie de personnes étrangères et ne retrouvais ma gaieté que dans l'intimité de la famille.*

Les Buissonnets

Heureusement, très souvent son père l'emmène en promenade et, surtout à la belle saison, c'est pour elle une grande joie : *Ils étaient pour moi de beaux jours, ceux où mon « roi chéri » m'emmenait à la pêche avec lui ; j'aimais tant la campagne, les fleurs et les oiseaux ! Quelquefois j'essayais de pêcher avec ma petite ligne, mais je préférais aller m'asseoir seule sur l'herbe fleurie ; alors mes pensées étaient bien profondes et, sans savoir ce que c'était de méditer, mon âme se plongeait dans une réelle oraison.*

Pauline lui apprend non seulement à lire et à écrire, mais aussi l'histoire sainte et le catéchisme. A sept ans, elle se confesse pour la première fois à l'un des prêtres de la cathédrale. Elle a été très bien préparée par son aînée et n'éprouve aucune crainte. A cette époque aussi elle envie beaucoup sa sœur Céline qui fait sa première communion le 13 mai 1880, mais selon les règles du temps, elle est beaucoup trop jeune.

A la rentrée d'octobre 1881, Thérèse rejoint Céline chez les bénédictines comme demi-pensionnaire. Elle va y rester cinq ans, mais elle

1881 - Thérèse à huit ans

ne s'y sentira jamais très à son aise. Elle confiera plus tard : *J'ai souvent entendu dire que le temps passé au pensionnat est le meilleur et le plus doux de la vie ; il n'en fut pas ainsi pour moi, les cinq années que j'y passai furent les plus tristes de ma vie ; si je n'avais pas eu avec moi ma Céline chérie, je n'aurais pas pu y rester un seul mois sans tomber malade.*

Le premier appel du Carmel

En 1882, Pauline, la seconde maman de Thérèse, a vingt ans et elle décide d'entrer au Carmel. Thérèse n'avait pas été mise au courant, mais elle apprend la nouvelle au hasard d'une conversation entre Pauline et Marie : *C'était comme si un glaive s'était enfoncé dans mon cœur. Je ne savais pas ce qu'était le Carmel, mais je comprenais que Pauline allait me quitter pour entrer dans un couvent, (...) je comprenais que j'allais perdre ma seconde mère !... Ah ! comment pourrai-je dire l'angoisse de mon cœur ? (...) je versais des larmes bien amères.*

Pauline tente de réconforter sa jeune sœur en lui expliquant la vie au Carmel. La petite comprend l'essentiel qui réside dans l'amour de Jésus Christ et, tout de suite, un grand projet prend naissance en son esprit : *Je sentis que le Carmel était le désert où le Bon Dieu voulait que j'aille aussi me cacher... Je le sentis avec tant de force qu'il n'y eut pas de doute dans mon cœur.* Et il ne s'agit pas seulement de suivre sa « petite mère » en l'imitant : *Ce n'était pas un rêve d'enfant qui se laisse entraîner, mais la certitude d'un appel divin ; je voulais aller au Carmel non pour Pauline mais pour Jésus seul.*

Il reste que le lundi 2 octobre 1882 est un jour de tristesse : Pauline entre comme postulante au Carmel de Lisieux où elle prend le nom de sœur Agnès de Jésus. Toute la famille l'a accompagnée et aucune des cinq sœurs n'a pu retenir ses larmes abondantes. Désormais, Thérèse ne verra plus sa petite mère qu'à travers les grilles d'un parloir austère et pour des entrevues qui ne dépasseront pas la demi-heure.

Elle reprend sa scolarité normale chez les bénédictines, mais son humeur et sa santé se dégradent peu à peu. Elle pleure pour un rien, son entente avec Céline, sa sœur la plus proche, devient difficile. Leur aînée, Marie, doit intervenir avec quelque sévérité. Le 25 mars 1883, Thérèse est prise de tremblements et d'hallucinations. Il faut la coucher. Le médecin est perplexe, mais très inquiet : la petite perd conscience et reconnaît à peine ceux qui l'entourent. Peu à peu elle se calme, et le 6 avril elle peut se rendre au Carmel pour la prise d'habit de Pauline que, pour une fois, elle peut voir en dehors des grilles et combler de caresses. Quelle joie pour tous ! Mais le lendemain rechute très grave... Thérèse est souvent sans aucune conscience apparente, comme évanouie. Autour d'elle, désespérant de la médecine impuissante, on prie beaucoup. Le jour de la Pentecôte, 13 mai 1883, Marie, Léonie et Céline se mettent à genoux devant une statuette de la Sainte Vierge qu'on a mise dans la chambre de la petite malade. Thérèse a tout à fait conscience de leur présence. Elle a raconté elle-même : *Ne trouvant aucun secours sur la terre, la pauvre petite Thérèse s'était aussi tournée vers sa Mère du ciel, elle la priait de tout son cœur d'avoir enfin pitié d'elle... Tout à coup la Sainte Vierge me parut belle, si belle que je n'avais jamais rien vu de si beau, son visage respirait une bonté et une tendresse ineffables, mais ce qui me pénétra jusqu'au fond de l'âme, ce fut le ravissant sourire de la Sainte Vierge. Alors, toutes mes peines s'évanouirent, deux grosses larmes jaillirent de mes paupières et coulèrent silencieusement sur mes joues, mais c'étaient des larmes d'une joie sans mélange... Ah!*

pensai-je, la Sainte Vierge m'a souri, que je suis heureuse...

Et de fait Thérèse est guérie et reprend rapidement sa vie ordinaire. Cependant, de crainte d'une rechute, tous s'appliquent à lui éviter émotions ou contrariétés. Elle ne retourne au pensionnat qu'en octobre, après d'heureuses vacances passées à Alençon avec son père qui a conservé de nombreux amis dans cette ville.

Une fragile adolescence

Le 8 mai 1884, Thérèse Martin fait sa première communion. Elle a dû subir une préparation dans le style de l'extrême ferveur religieuse de l'époque dont il est permis de penser qu'elle n'échappait pas à une certaine surchauffe sentimentale peu adaptée aux possibilités d'une fillette de onze ans. On lui a fait comptabiliser des centaines de sacrifices et d'invocations pieuses. Elle a dû assister à des sermons terrifiants sur l'enfer et le sacrilège dont, heureusement, elle n'a pas retenu grand chose. Enfin le grand jour est arrivé. C'est pour elle un jour de vraie joie : *Je me sentais aimée, et je disais aussi : « Je vous aime, je me donne à vous pour toujours. » Il n'y eut pas de demandes, pas de luttes, de sacrifices ; depuis longtemps Jésus et la petite Thérèse s'étaient regardés et s'étaient compris... Ce jour-là n'était plus un regard, mais une fusion, ils n'étaient plus deux. Thérèse avait disparu, comme la goutte d'eau qui se perd au sein de l'Océan. Jésus restait seul, il était le maître, le roi. Thérèse ne lui avait-elle pas demandé de lui ôter sa liberté, car sa liberté lui faisait peur, elle se sentait si faible, si fragile, que pour jamais elle voulait s'unir à la Force divine !*

A l'époque on communie rarement. Thérèse obtient cependant de son confesseur des permissions assez fréquentes et elle ne se lasse pas d'un recours fervent à l'eucharistie dans laquelle elle trouve toujours beaucoup de joie. Elle traverse cependant une grave crise de scrupules que sa sœur Marie devenue sa confidente habituelle l'aide à dominer peu à peu.

Thérèse continue ses études scolaires avec une certaine facilité : *Je réussissais très bien dans mes études, presque toujours j'étais la première, mes plus grands succès étaient l'histoire et le style. Toutes mes maîtresses me regardaient comme une élève très intelligente, il n'en était pas de même chez mon oncle où je passais pour une petite ignorante, bonne et douce, ayant un jugement droit, mais incapable et maladroite.*

1886 - Thérèse à treize ans

Mais la bonne élève, la petite fille douce, est plus que jamais portée aux larmes. Elle s'en rend bien compte elle-même : *J'étais vraiment insupportable par ma trop grande sensibilité : ainsi, s'il m'arrivait de faire involontairement une petite peine à une personne que j'aimais, au lieu de prendre le dessus et de ne pas pleurer — ce qui augmentait ma faute au lieu de la diminuer — je pleurais comme une Madeleine, et lorsque je commençais à me consoler de la chose elle-même, je pleurais d'avoir pleuré... Tous les raisonnements étaient inutiles et je ne pouvais arriver à me corriger de ce vilain défaut.*

Finalement, au mois de mars 1886, Louis Martin décide d'enlever du collège des bénédictines sa fille, dont la santé donne à nouveau des inquiétudes. Elle complétera son instruction avec des leçons particulières.

Une vocation qui s'affirme

Dans sa quatorzième année, Thérèse est encore très enfant malgré sa haute taille qui lui fait dépasser toutes ses sœurs. Sa sensibilité est toujours aussi vive. En août 1886, elle apprend qu'à son tour Marie, qui a maintenant vingt-six ans, veut entrer au Carmel. Après le départ de Pauline, c'est un nouveau déchirement pour leur jeune sœur. D'autre part, Léonie, qui vient d'atteindre vingt-trois ans, fait en octobre un essai chez les clarisses d'Alençon, mais elle n'y restera que deux mois, sa santé fragile ne supportant pas le régime d'extrême pauvreté des filles de sainte Claire. Marie, elle, devient sœur Marie du Sacré-Cœur au Carmel de Lisieux, où elle a été reçue comme postulante le 15 octobre.

A Noël 1886, Louis Martin se retrouve avec ses trois plus jeunes filles puisque Léonie, malade, vient de rentrer aux Buissonnets. On va procéder, au retour de la messe de minuit, à l'échange traditionnel de cadeaux. Thérèse a posé ses souliers devant la cheminée comme lorsqu'elle était enfant. Son père, fatigué, ne peut s'empêcher de manifester un peu d'agacement devant ce geste de puérilité. « Heureusement que c'est la dernière année », dit-il à Céline. Depuis l'escalier par lequel elle montait pour poser son manteau, Thérèse a entendu. Déjà les larmes lui emplissent les yeux, et Céline lui conseille de ne pas redescendre pour ne pas gâcher le réveillon. Mais non, Thérèse essuie rapidement ses pleurs et, toute souriante, descend chercher ses cadeaux. Il s'est passé en elle quelque chose d'inattendu et qu'elle attribuera à l'action de la grâce de Dieu : à partir de cet incident, elle garde son sang-froid et elle ne se laissera aller à sa sensibilité qu'en de graves occasions. Elle donnera elle-même beaucoup d'importance à ce petit événement : *En cette nuit où Jésus se fit faible et souffrant pour mon amour, il me rendit forte et courageuse, il me revêtit de ses armes, et depuis cette nuit bénie, je ne fus vaincue en aucun combat, mais au contraire je marchai de victoire en victoire et commençai pour ainsi dire*

« une course de géant » ! La source de mes larmes fut tarie et ne s'ouvrit depuis que rarement et difficilement... La petite Thérèse avait retrouvé la force d'âme qu'elle avait perdue à quatre ans et demi, et c'était pour toujours qu'elle devait la conserver ! Je sentis la charité entrer dans mon cœur, le besoin de m'oublier pour faire plaisir, et depuis lors je fus heureuse.

L'année 1887 est pour Thérèse une année d'épanouissement physique, intellectuel, moral et spirituel. Elle continue de prendre ses leçons particulières chez une institutrice de la ville et elle lit beaucoup. Chaque jour elle assiste à la messe, et pour elle la prière est douce et facile. Elle médite très souvent l'austère et profonde *Imitation de Jésus Christ*, mais elle cherche aussi à élargir sa culture religieuse. Les leçons du bon aumônier des bénédictines n'étaient pas allées bien loin et Thérèse est heureuse de trouver dans un ouvrage prêté par les carmélites une bonne synthèse théologique qu'elle lit et médite assidûment en compagnie de Céline. Car l'intimité des deux sœurs est redevenue très grande.

Dès cette époque, sa vocation de contemplative se creuse et s'affirme : *Je sentais en mon cœur des élans inconnus jusqu'alors ; parfois j'avais de véritables transports d'amour. Un soir, ne sachant comment dire à Jésus que je l'aimais et combien je désirais qu'il soit partout*

1888 - Thérèse à quinze ans
Elle a relevé ses cheveux en chignon pour faire plus sérieux

aimé et glorifié, je pensai avec douleur qu'il ne pouvait jamais recevoir de l'enfer un seul acte d'amour ; alors, je dis au Bon Dieu que pour lui faire plaisir je consentirais bien à m'y voir plongée, afin qu'il soit aimé éternellement dans ce lieu de blasphème... Quand on aime, on éprouve le désir de dire mille folies.

En juillet, Thérèse entend parler d'un criminel, Henri Pranzini, qui vient d'être condamné à mort pour un triple assassinat dont celui d'un enfant. Elle se met en prière pour sauver l'âme de ce misérable qui ne manifeste aucun remords de son forfait : *Je dis au Bon Dieu que j'étais bien sûre qu'il pardonnerait au pauvre malheureux Pranzini, que je le croirai même s'il ne se confessait pas et ne donnait aucune marque de repentir, tant j'avais confiance en la miséricorde infinie de Jésus, mais que je lui demandais seulement un signe de repentir pour ma seule consolation...* Cette prière est exaucée : au pied de l'échafaud, le 31 août, Pranzini réclame un crucifix et le baise de ses lèvres par deux fois. La jeune fille en conclut que sa vocation est bien d'entrer au Carmel afin de prier et de donner toute sa vie pour les pécheurs.

De cette vocation, elle a déjà parlé à son père le 29 mai. Celui-ci objecte la trop grande jeunesse de sa préférée, celle qu'il appelle toujours tendrement sa petite reine, mais finalement il se laisse convaincre. Il vient de consentir à ce que Léonie fasse un nouvel essai de vie religieuse à la Visitation de Caen. Au Carmel de Lisieux, Pauline approuve le souhait de sa plus jeune sœur d'entrer rapidement au monastère. Marie préférerait qu'elle attende un peu, mais elle se rallie comme toute la communauté au désir exprimé par Thérèse. Par contre, l'oncle Guérin qui, depuis la mort de leur mère, est tuteur légal de ses nièces, lui demande d'attendre qu'elle ait dix-sept ans. Mais Pauline insiste auprès de leur oncle et il se laisse fléchir. Un obstacle plus important se présente : le Carmel a un supérieur représentant l'évêque et dont le consentement est indispensable. Or il refuse résolument une postulante de quinze ans. Sur les instances de sa fille et devant son chagrin, Louis Martin accepte d'emmener Thérèse à Bayeux voir l'évêque. Thérèse a relevé ses cheveux en chignon pour faire plus sérieux. Mais l'évêque ne donne pas l'autorisation tant souhaitée ; il va réfléchir et consulter. A la sortie, Thérèse ne peut plus cacher ses larmes malgré toutes ses résolutions de courage : *Il me semblait que mon avenir était brisé pour jamais ; plus j'approchais du terme, plus je voyais mes affaires s'embrouiller. Mon âme était plongée dans l'amertume, mais aussi dans la paix, car je ne cherchais que la volonté du Bon Dieu.*

De Rome au Carmel

Quelques jours plus tard, le 4 novembre 1887, Louis Martin part avec ses filles Céline et Thérèse pour un grand voyage en Italie. Elles se joindront à Paris à un pèlerinage de près de deux cents personnes, dont de nombreux prêtres, qui vont à Rome rendre hommage au pape Léon XIII. En fait, l'aspect touristique n'est pas négligé : on passe par Milan, Venise, Padoue, Florence, Lorette, et l'on n'arrive à Rome que le 13 novembre. Le séjour doit durer dix jours, et Céline et Thérèse sont enthousiasmées par les souvenirs des martyrs et la visite de tant d'églises, de catacombes et de monuments. Mais Thérèse a un grand dessein pour lequel elle prie sans cesse en union avec les carmélites de Lisieux : elle va demander au pape la permission d'entrer au Carmel à quinze ans. Le dimanche 20 novembre, tout un groupe de pèlerins français est reçu en audience par Léon XIII. Après la messe célébrée par le Saint-Père, un long défilé commence. Thérèse passe l'une des dernières du groupe des dames. Agenouillée devant le pontife, un vieillard de soixante-dix-sept ans très fatigué, Thérèse balbutie :

— *Très Saint-Père, j'ai une grande grâce à vous demander.*

Le pape se tourne vers l'abbé Révérony, vicaire général de Bayeux, qui assiste à la scène.

— *Je ne comprends pas très bien, lui dit-il.*

— *Très Saint-Père, dit l'abbé, c'est une enfant qui désire entrer au Carmel à quinze ans, mais les supérieurs examinent la question en ce moment.*

— *Eh bien, mon enfant, dit le pape, faites ce que les supérieurs vous diront.*

— *Oh ! Très Saint-Père, si vous disiez oui, tout le monde voudrait bien.*

— *Allons, allons, vous entrerez si le Bon Dieu le veut.*

L'entretien est terminé ; deux gardes nobles aident Thérèse en pleurs à se relever ; sa déception est immense. Le soir même elle écrit à Pauline : *J'ai le cœur bien gros. Cependant le Bon*

Dieu ne peut pas me donner des épreuves qui seront au-dessus de mes forces... Je suis la petite balle de l'Enfant Jésus ; s'il veut briser son jouet, il est bien libre, oui, je veux bien tout ce qu'il veut. Le voyage de retour commence. A Nice, l'abbé Révérony promet à Thérèse d'appuyer sa demande auprès de l'évêque.

Le 3 décembre, toute la famille est de retour à Lisieux. Il faudra attendre jusqu'au 1er janvier pour avoir la réponse de l'évêque de Bayeux. En définitive, il s'en remet au jugement de la prieure du Carmel, mère Marie de Gonzague. Celle-ci, soucieuse d'éviter à la si jeune postulante l'austérité de l'hiver — les cellules des sœurs n'ont aucun chauffage — et celle du carême, fixe la date de son entrée dans la clôture du monastère au lundi 9 avril 1888, fête de l'Annonciation.

Ce matin-là tous les Martin et les Guérin assistent à la messe de sept heures dans la chapelle du Carmel. Thérèse raconte : *Aussitôt que Jésus fut descendu dans le cœur de mes parents chéris, je n'entendis autour de moi que des sanglots ; il n'y eut que moi qui ne versais pas de larmes, mais je sentis mon cœur battre avec une telle violence qu'il me semblait impossible d'avancer lorsqu'on vint nous faire signe de venir à la porte conventuelle. Ah ! quel moment que celui-là ! Il faut y avoir passé pour savoir ce qu'il est... Mon émotion ne se traduisit pas au-dehors : après avoir embrassé tous les membres de ma famille chérie, je me mis à genoux devant mon incomparable père, lui demandant sa bénédiction : pour me la donner, il se mit lui-même à genoux et me bénit en pleurant... Enfin mes désirs étaient accomplis, mon âme ressentait une paix si douce et si profonde qu'il me serait impossible de l'exprimer, et depuis (...) cette paix intime est restée mon partage, elle ne m'a pas abandonnée au milieu des plus grandes épreuves.*

Le Carmel de Lisieux

Le Carmel de Lisieux a été fondé en 1838. C'est un édifice modeste dont les bâtiments de brique n'ont rien de très remarquable à l'exception d'un petit cloître qui enserre une pelouse verte et un grand calvaire. Un assez vaste jardin avec une belle allée bordée de marronniers permet aux sœurs de prendre l'air et de se détendre à la belle saison. La cellule attribuée à Thérèse dès son arrivée est le lieu où elle devra, non seulement dormir, mais aussi passer de nombreuses heures pour prier et travailler en solitude. C'est une pièce d'environ deux mètres de large sur moins de quatre mètres de long. Elle n'a pour mobilier qu'un lit, un petit banc et, dans un coin, une cuvette et un pot à eau.

Le lieu que les sœurs considèrent comme le principal du couvent est, dans la chapelle, la partie non ouverte au public, ni même aux prêtres, qu'elles appellent le chœur. Celui-ci est situé à droite de l'autel dont il est séparé par une grande grille. Les sœurs y passent chaque jour cinq à six heures en prière. Elles ne chantent pas solennellement l'office liturgique, mais elles le récitent simplement dans son intégralité, ce qui prend environ deux heures. Chaque matin et chaque soir, les carmélites consacrent une heure à l'oraison, longue méditation silencieuse à laquelle sainte Thérèse d'Avila — dont se réclament tous les Carmels — attachait une

Le Carmel de Lisieux en 1894

extrême importance au point d'en faire la caractéristique première de son Ordre. Naturellement, c'est aussi depuis leur chœur que les Carmélites assistent chaque jour à la messe et souvent, surtout les jours de fête, au salut du Saint-Sacrement. L'on se couche assez tard, vers dix heures et demie, après avoir récité le plus long office de la journée, les matines, ce qui contraste avec la plupart des usages monastiques selon lesquels cet office est célébré au lever du jour, mais sainte Thérèse a voulu que ses filles consacrent la meilleure heure de la matinée au silence de l'oraison.

Le silence est d'ailleurs habituel dans toute

Le cloître

la maison. Il est cependant interrompu deux fois par jour pendant les récréations communautaires qui suivent les repas. Alors, les sœurs, le plus souvent en occupant leurs mains à quelques travaux de couture, échangent entre elles librement et gaiement.

Le reste de la journée est consacré au travail manuel, à l'entretien de la maison et à celui du jardin, sans oublier le potager, et à des ouvrages qui seront vendus à l'extérieur pour que la communauté puisse vivre ; au temps de Thérèse, il s'agit surtout de broderies et de peintures d'images pieuses.

La clôture est très stricte, les sœurs renonçent absolument à sortir du monastère, même si elles sont malades, et aucune personne étrangère à la communauté ne peut être invitée à y pénétrer. Les visites n'ont lieu qu'au parloir, grande pièce séparée en deux par une lourde grille, ellemême doublée d'un rideau que l'on n'ouvre que pour les personnes de la famille. Au parloir, chaque sœur est accompagnée d'une autre religieuse. De telles mesures de protection datent du XVIe siècle, alors que l'insécurité était grande dans les villes d'Espagne où sainte Thérèse d'Avila a fondé ses premiers monastères, mais par la suite, elles ont surtout pris une valeur symbolique de retrait du monde et de pénitence.

Lorsque Thérèse arrive au Carmel de Lisieux, la communauté compte vingt-six religieuses. La prieure est mère Marie de Gonzague, une femme de grande valeur humaine et religieuse, mais quelque peu jalouse de son autorité. Les sœurs ont beaucoup de vénération pour la vieille fondatrice du monastère, mère Geneviève de Sainte-Thérèse, que toutes considèrent comme une sainte. La maîtresse des novices, sœur Marie des Anges, réunit chaque jour les quatre novices ou jeunes professes, dont la sœur aînée de Thérèse, sœur Marie du Sacré-Cœur. Et dans la communauté, commence à jouer un rôle important Pauline, sœur Agnès de Jésus, qui sera bientôt appelée à remplacer mère Marie de Gonzague.

Novice
(1888-1890)

Thérèse est venue au Carmel pour aimer Jésus et, en cela, elle a bien compris l'esprit de sainte Thérèse pour qui tout doit être subordonné dans la vie de ses filles à l'amour du Seigneur, et être orienté vers lui. Mais la vie avec vingt-six femmes en recherche de la sainteté sans doute, mais loin d'y être effectivement parvenues, n'est pas facile chaque jour. Mère Marie de Gonzague, peut-être trop soucieuse d'éviter que la si jeune postulante ne devienne l'enfant gâtée de la communauté, n'hésite pas à l'humilier de multiples façons. Thérèse en conservera un souvenir un peu douloureux : *Notre mère, souvent malade, avait peu le temps de s'occuper de moi. Je sais qu'elle m'aimait beaucoup et disait de moi tout le bien possible ; cependant, le Bon Dieu permettait qu'à son insu elle fût très sévère...* Thérèse est lente et maladroite dans les travaux manuels, et telle vieille sœur très active n'hésite pas à lui laisser comprendre qu'elle la considère comme bonne à rien. Quant à ses sœurs Pauline et Marie, elles ont tendance à se considérer encore comme les « petites mères » de leur benjamine, et leur sollicitude risque parfois de devenir un poids pour Thérèse qui a bien conscience de devoir s'engager en adulte responsable d'elle-même.

Cependant, la jeune novice est heureuse. Elle écrit : *Ce bonheur n'était pas éphémère, il ne devait pas s'envoler avec « les illusions des premiers jours ». Les illusions, le Bon Dieu m'a fait la grâce de n'en avoir aucune en entrant au Carmel : j'ai trouvé la vie religieuse telle que je me l'étais figurée, aucun sacrifice ne m'étonna, et cependant mes premiers pas ont rencontré plus d'épines que de roses.*

La plus grosse épreuve lui vient d'un côté où elle ne l'attendait pas : de son père. Louis Martin adopte un comportement étrange ; il s'enfuit des Buissonnets sans prévenir personne, on le retrouve quelques jours plus tard errant dans Le Havre ; il a des pertes de mémoire, il tient des discours incohérents, bref sa santé mentale est en train de s'effondrer malgré les soins de

1889 - Thérèse novice

Céline et les consultations de psychiatres. Il peut encore assister paisiblement à la prise d'habit de Thérèse le 10 janvier 1889, mais quelques jours plus tard, à la suite d'une crise violente, il doit être interné dans un asile de Caen où il restera trois ans.

Thérèse est bouleversée : *Oui, la souffrance m'a tendu les bras et je m'y suis jetée avec amour... Ce que je venais faire au Carmel, je l'ai déclaré aux pieds de Jésus-Hostie, dans l'examen qui précéda ma profession : « Je suis venue pour sauver les âmes et surtout afin de prier pour les prêtres. » Mon attrait pour la souffrance grandit au fur et à mesure que la souffrance augmentait. Pendant cinq années, cette voie fut la mienne ; mais à l'extérieur, rien ne traduisait ma souffrance d'autant plus douloureuse que j'étais seule à la connaître... J'avais soif de souffrir et d'être oubliée.*

Cependant son espérance ne faiblit pas : *Après avoir été abreuvés à la source de toutes les amertumes, nous serons déifiés à la source même de toutes les joies...*

La prière — qui était son bonheur avant son entrée au couvent — lui devient pénible. Au Carmel, les nuits sont courtes, elle ne dort pas assez longtemps et il lui arrive de somnoler pendant l'oraison. Mais elle réagit avec vigueur, et surtout dans la foi : *Puisque Jésus veut dormir, pourquoi l'en empêcherais-je ? Je suis trop heureuse qu'il ne se gêne pas avec moi.* Après son année de noviciat, mère Marie de Gonzague la juge trop jeune pour être admise à la profession, c'est-à-dire à prononcer les vœux qui la lieront définitivement à l'Ordre du Carmel. Thérèse devra encore rester huit mois au noviciat. Elle est déçue, mais elle accepte paisiblement ce qui lui apparaît comme la volonté de Dieu : *Oui, je désire être oubliée, et non seulement des créatures, mais aussi de moi-même... La gloire de mon Jésus, voilà tout ; pour la mienne, je la lui abandonne, et s'il semble m'oublier, eh bien, il est libre puisque je ne suis plus à moi, mais à lui... Il se lassera plus vite de me faire attendre que moi de l'attendre !*

Durant le carême 1890, Thérèse découvre dans la liturgie les grands textes d'Isaïe sur le Serviteur souffrant qui annoncent et éclairent la passion de Jésus et aussi toute souffrance humaine. Elle écrit un peu plus tard à Céline : *Ces paroles d'Isaïe ont fait tout le fond de ma dévotion à la Sainte Face, ou, pour mieux dire, le fond de toute ma piété.* Elle se met aussi à lire avec un grand bonheur un auteur qui, à l'époque, n'était guère apprécié dans les Carmels français où on le jugeait trop difficile : saint Jean de la Croix, le compagnon de sainte Thérèse d'Avila dans la réforme du Carmel.

Jean de la Croix est le docteur et le chantre de l'amour du Christ. On reconnaît bien son inspiration dans une lettre de Thérèse à sa cousine Marie Guérin : *Pour moi, je ne connais pas d'autre moyen pour arriver à la perfection que l'amour. Aimer, comme notre cœur est bien fait pour cela ! Parfois je cherche un autre mot pour exprimer l'amour, mais sur la terre d'exil les paroles sont impuissantes à rendre toutes les vibrations de l'âme ; aussi, il faut s'en tenir à ce mot unique : Aimer !*

Enfin, le 28 août 1890, Thérèse entre en retraite pour préparer sa profession. Elle reste en silence complet pendant dix jours et elle est déchargée de certains travaux afin de pouvoir se consacrer aussi totalement que possible à l'oraison qui forme le fond d'une vocation de carmélite. Elle éprouve de grandes difficultés durant ces jours de prière et de méditation : *La retraite qui précéda ma profession fut loin de m'apporter des consolations ; l'aridité la plus absolue et presque l'abandon furent mon partage. (...) J'entrai comme dans un souterrain où il ne fait ni chaud ni froid, où je ne vois rien qu'une clarté à demi voilée, la clarté que répandent autour d'eux les yeux baissés de la face de mon Fiancé qui ne dit rien, et moi je ne lui dis rien non plus, sinon que je l'aime plus que moi. (...) Pas un seul doute sur ma vocation ne*

1889 - Thérèse novice

m'était encore venu à la pensée, il fallait que je connaisse cette épreuve. Le soir, en faisant mon chemin de croix après matines, ma vocation m'apparut comme une chimère. Mes ténèbres étaient si grandes que je ne voyais et ne comprenais qu'une chose : je n'avais pas la vocation !... Ah ! comment dépeindre l'angoisse de mon âme ? Cependant les inquiétudes de la novice s'apaisent. Le 8 septembre, sœur Thérèse de l'Enfant Jésus de la Sainte Face, puisque tel est désormais son nom, va prononcer ses vœux.

Le matin du 8 septembre, je me sentis inondée d'un fleuve de paix, et ce fut dans cette paix surpassant tout sentiment que je prononçai mes saints vœux... Mon union avec Jésus se fit, non pas au milieu des foudres et des éclairs, c'est-à-dire des grâces extraordinaires, mais au sein d'un léger zéphir, semblable à celui qu'entendit sur la montagne notre Père saint Elie... La profession religieuse d'une carmélite se déroule alors en deux cérémonies distinctes. La première, durant laquelle elle s'engage par ses vœux, a lieu dans la clôture, en présence de la seule communauté. La seconde se passe dans la chapelle, devant la famille et les amis de la jeune religieuse ; elle consiste surtout dans la réception du voile noir qui remplace le voile blanc des novices. La prise de voile de Thérèse se fait le 24 septembre. Elle est attristée par l'absence de son père que l'on n'a pas pu faire venir de Caen. *Tout fut tristesse et amertume*, dit Thérèse ; *cependant la paix, toujours la paix, se trouvait au fond du calice.*

Deux années dans le silence (1891-1892)

Thérèse doit maintenant affronter la monotonie de la vie monastique. Elle y met tout son amour, même et surtout dans les petites choses de la vie quotidienne : *J'aimais à plier les manteaux oubliés par les sœurs et leur rendre tous les petits services quc jc pouvais.* Ellc cst devenue aide à la sacristie et la titulaire du poste la surnomme gentiment « la petite sœur Ainsi soit-il. »

Sa prière pour les prêtres s'intensifie. Elle a notamment entendu parler d'un ancien religieux carme, Hyacinthe Loyson, qui a quitté l'Eglise, s'est marié et s'est consacré à des conférences fort critiquées dans les milieux catholiques. Elle prie et fait prier sa sœur Céline, avec qui elle entretient une correspondance assidue, pour celui qu'elle appelle « son frère ». *Ne nous lassons pas de prier, écrit-elle ; la confiance fait des miracles.* C'est à Céline aussi qu'elle demande de lui procurer un petit volume contenant les évangiles et les lettres de saint Paul, car, à l'époque, les carmélites n'avaient pas de Bible. Or, c'est directement dans le texte de l'évangile, plutôt que dans de pieux commentaires comme c'était l'usage, qu'elle trouve la nourriture de son oraison : *En lui je trouve tout ce qui est nécessaire à ma pauvre petite âme. J'y découvre toujours de nouvelles lumières, des sens cachés et mystérieux.*

En octobre 1891, la retraite du monastère est prêchée par un franciscain, le Père Prou, un homme simple et généreux. Thérèse, habituellement réservée avec ses confesseurs, lui parle avec simplicité. En peu de mots, elle se sent *comprise et même devinée : mon âme était comme un livre dans lequel le Père lisait mieux que moi-même. Il me lança à pleines voiles sur les flots de la confiance et de l'amour qui m'attiraient si fort et sur lesquels je n'osais avancer. Il me dit que mes fautes ne faisaient pas de peine au Bon Dieu, que tenant sa place, il me disait de sa part qu'il était très content de moi... Oh ! que je fus heureuse en écoutant ces paroles ! Jamais je n'avais entendu dire que les fautes pouvaient ne pas faire de peine au Bon Dieu, cette assurance me combla de joie (...) Je sentais bien au fond de mon cœur que c'était vrai car le Bon Dieu est plus tendre qu'une mère (...) Je suis d'une nature telle que la crainte me fait reculer ; avec l'amour, non seulement j'avance, mais je vole...*

Durant l'hiver 1891-1892, il fait très froid. La grippe s'installe dans la communauté. En décembre meurt la vieille Mère Geneviève de Sainte-Thérèse, la fondatrice du monastère. Thérèse l'admirait beaucoup ; elle la considérait comme *une sainte, non point inimitable, mais une sainte sanctifiée par des vertus cachées et ordinaires. Jésus vivait en elle et la faisait agir et parler. Ah ! cette sainteté-là me paraît la plus vraie, la plus sainte et c'est celle que je désire car il ne s'y rencontre aucune illusion.* Un dimanche, Mère Geneviève avait dit à Thérèse : *Ma petite fille, servez Dieu avec paix et avec joie, rappelez-vous, mon enfant, que notre Dieu, c'est le Dieu de la paix.* Thérèse, en rapportant ce souvenir, ajoute : *Je sortis émue jusqu'aux larmes (...) ; ce jour-là j'étais extrêmement éprouvée, presque triste, dans une nuit telle que je ne savais plus si j'étais aimée du Bon Dieu, mais la joie et la consolation que je ressentis, vous les devinez...*

Dans la première semaine de janvier, coup

sur coup meurent trois sœurs tandis que presque toute la communauté est alitée. Thérèse épargnée, et qui vient tout juste d'atteindre ses dix-neuf ans, fait face à la situation avec courage et sang-froid. Avec sa sœur Marie et une novice, elles s'improvisent infirmières ou cuisinières, veillent les défuntes et organisent leurs obsèques. En cette circonstance dramatique, le supérieur — qui s'était si fort opposé à l'entrée de Thérèse au monastère — reconnaît publiquement sa valeur. « Elle est désormais, dit-il, une grande espérance pour cette communauté. »

Avec Mère Agnès comme prieure (1893-1896)

Au Carmel, les prieures qui dirigent la communauté sont élues pour trois ans renouvelables une fois, au bout desquels elles doivent céder la place à une autre sœur. Mère Marie de Gonzague termine son mandat en février 1893. Thérèse est trop jeune pour participer à l'élection, mais sa joie est grande en apprenant que les électrices ont choisi sa sœur Pauline, Mère Agnès de Jésus. Elle lui envoie, le soir même de l'élection, un billet affectueux : *Ma mère chérie. Qu'il m'est doux de pouvoir vous donner ce nom !... Que ce jour est beau pour votre enfant.* Mais Mère Agnès n'a que trente et un ans et elle éprouvera bien des difficultés pour gouverner la communauté. D'autant plus que

1894 - Thérèse et ses sœurs
avec Mère Marie de Gonzague

la forte personnalité de l'ancienne prieure, Mère Marie de Gonzague, viendra souvent contrecarrer ses initiatives. Thérèse est trop sensible et intelligente pour ne pas avoir pressenti ces tensions. Dans ce même billet, elle écrit à sa sœur : *Sans doute vous souffrirez...* De fait, Mère

Agnès ne pourra pas toujours retenir ses larmes.

La nouvelle prieure confie le noviciat à Mère Marie de Gonzague, mais elle lui donne comme adjointe sœur Thérèse. Celle-ci va aussi quitter son emploi à la sacristie pour s'adonner à des travaux de dessin et de peinture. Enfin, Mère Agnès lui propose de s'essayer à composer des cantiques, ou même des poésies, que les sœurs aimaient bien chanter ou écouter pendant leurs récréations, surtout les jours de fête.

Depuis mai 1892, Louis Martin est revenu à Lisieux. Bien diminué physiquement, il est accueilli par les Guérin et surtout ses deux filles Céline et Léonie. Il ne peut faire qu'une uni-

Louis Martin, impotent, entouré par ses filles, Léonie et Céline, et la famille Guérin

que visite au parloir du Carmel dans laquelle il ne fait que balbutier quelques mots. Mais Léonie se prépare à entrer au monastère de la Visitation, à Caen. Céline, qui envisage elle aussi la vie religieuse, se sent bien seule auprès de son vieux père malade, et Mère Agnès autorise Thérèse à lui écrire souvent. L'intimité était déjà grande entre les deux sœurs, elle s'approfondit encore. Thérèse est convaincue de la vocation carmélitaine de sa sœur et elle lui écrit avec beaucoup d'abandon, ainsi durant l'été 1893 : *Comme c'est facile de plaire à Jésus ; il n'y a qu'à l'aimer sans se regarder soi-même, sans trop examiner ses défauts (...) Jésus ne m'apprend pas à compter mes actes : il m'enseigne à faire tout par amour, à ne rien lui refuser (...) ; cela se fait dans la paix, dans l'abandon. C'est Jésus qui fait tout et moi je ne fais rien.*

Fin mai 1894 Louis Martin est atteint par une attaque grave qui le laisse en partie paralysé, puis il subit une crise cardiaque et il meurt paisiblement le 29 juillet. Ses filles ont suivi avec angoisse les évolutions de la maladie, mais quelques semaines plus tard Thérèse peut écrire à Léonie : *La mort de Papa ne me fait pas l'effet d'une mort mais d'une véritable vie. Je le retrouve après six ans d'absence, je le sens autour de moi me regardant et me protégeant.*

Le 14 septembre, Céline rejoint ses trois sœurs au Carmel. Cela ne se fait pas sans quelques oppositions, car il est inhabituel de recevoir quatre sœurs dans un même couvent. Sainte Thérèse d'Avila était même opposée à ce que l'on en reçoive trois. Cependant, les supérieurs finissent par consentir à cette entorse aux usages, et toute la communauté accueille avec joie la jeune fille dont on sait avec quel sérieux et quel dévouement elle a soigné son père. Thérèse est ravie : *Le plus intime de mes désirs, le plus grand de tous, que je ne pensais jamais voir se réaliser, était l'entrée de ma Céline chérie dans le même Carmel que nous (...) Main-*

1895 - Groupe de Communauté

tenant, je n'ai plus aucun désir, si ce n'est d'aimer Jésus à la folie...

Le travail ne manque pas pour sœur Thérèse de l'Enfant Jésus. Les novices sont maintenant quatre et l'arrivée d'une jeune postulante, qui portera plus tard le nom de sœur Marie de la Trinité, fait que Thérèse cesse d'être la plus jeune de la communauté. Chaque jour il faut guider les novices avec délicatesse et fermeté tout en ménageant la susceptibilité de Mère Marie de Gonzague, la maîtresse des novices en titre, dont elle n'est que l'adjointe, et bien que celle-ci se repose beaucoup sur elle du soin des jeunes sœurs. Et quel paradoxe que Thérèse

1895 - Fête du Bon Pasteur

doive conseiller Céline, son aînée, sur qui elle s'était elle-même tant appuyée !

De plus, Thérèse doit maintenant beaucoup écrire et composer, surtout des scènettes qu'on appelle au Carmel des « récréations pieuses ». Déjà elle a rédigé une quinzaine de cantiques et de poésies. Mère Agnès en réclame de nouveaux pour Noël 1894 et la fête de sainte Agnès en janvier suivant. En cette dernière occasion, Thérèse compose une véritable pièce en vers sur la passion de Jeanne d'Arc. Les vers sont médiocres et les rimes faciles, mais les paroles prêtées à l'héroïne sont chargées d'une très profonde émotion. Thérèse joue elle-même le rôle de Jeanne et il est bien évident qu'elle s'est entièrement identifiée à son héroïne, par exemple lorsqu'elle lui fait dire : *Je n'ai plus qu'un désir, c'est vous voir, ô mon Dieu. Mourir pour votre amour, je ne veux rien de plus.*

C'est aussi à cette époque qu'un soir, à la récréation, Thérèse évoque devant ses sœurs quelques souvenirs des Buissonnets. Sœur Marie du Sacré-Cœur se tourne vers Mère Agnès et lui demande : « Est-il possible que vous lui laissiez faire des petites poésies pour faire plaisir aux uns et aux autres et qu'elle ne nous écrive rien de ses souvenirs d'enfance ? » Après quelques hésitations, la prieure dit à sa jeune sœur : « Je vous ordonne de m'écrire

1895 - Thérèse en Jeanne d'Arc

tous vos souvenirs d'enfance. » Thérèse va obéir. Sur un petit cahier d'écolier, avec un crayon, une écritoire posée sur ses genoux, elle écrit sous la forme d'une longue confidence adressée à Mère Agnès. Elle parle d'elle, bien sûr, mais elle parle surtout de Dieu et de la façon dont elle reconnaît son intervention dans sa vie. Elle ne dispose que de très peu de temps : le soir après la dernière prière commune de la journée, à la lueur d'une petite lampe à pétrole, ou le dimanche lorsqu'il n'y a pas de travaux manuels. Peu à peu, jusqu'en janvier 1896, donc durant toute une année, six petits cahiers sont remplis, dont la première lectrice, enthousiaste d'ailleurs, est Céline. Ce sont ces cahiers qui formeront, après la mort de Thérèse, la première partie de l'*histoire d'une âme*, l'autobiographie de Thérèse qui l'a rendue célèbre dans le monde entier. Pourtant Thérèse avait dit à Céline : *Je n'écris pas pour faire une œuvre littéraire, mais par obéissance.*

Une petite voie toute droite

Thérèse est venue au Carmel avec le grand désir de devenir une sainte. Elle a comme modèle sainte Thérèse d'Avila ou encore Jeanne d'Arc. Mais elle se rend compte qu'elle est bien incapable de faire oraison comme sainte Thérèse ou de mener une vie héroïque comme Jeanne. Et chaque jour elle se trouve imparfaite et bien en-dessous de ses rêves : *J'ai toujours désiré être une sainte, mais hélas ! j'ai toujours constaté, lorsque je me suis comparée aux saints, qu'il y a entre eux et moi la même différence qui existe entre une montagne dont le sommet se perd dans les cieux et le grain de sable obscur foulé sous le pas des passants ; au lieu de me décourager, je me suis dit : Le Bon*

Dieu ne saurait inspirer des désirs irréalisables ; je puis donc, malgré ma petitesse, aspirer à la sainteté ; me grandir, c'est impossible, je dois me supporter telle que je suis avec toutes mes imperfections ; mais je veux chercher le moyen d'aller au Ciel par une petite voie bien droite, bien courte, une petite voie toute nouvelle. Nous sommes dans un siècle d'inventions, maintenant ce n'est plus la peine de gravir les marches d'un escalier, chez les riches un ascenseur le remplace avantageusement. Moi, je voudrais aussi trouver un ascenseur pour m'élever jusqu'à Jésus, car je suis trop petite pour monter le rude escalier de la perfection. Alors j'ai recherché dans les livres saints l'indication de l'ascenseur, objet de mon désir et j'ai lu ces mots sortis de la bouche de la Sagesse Eternelle : « Si quelqu'un est tout petit qu'il vienne à moi » (Proverbes 9,4). Alors je suis venue, devinant que j'avais trouvé ce que je cherchais et voulant savoir, ô mon Dieu ! ce que vous feriez au tout petit qui répondrait à votre appel ; j'ai continué mes recherches, et voici ce que j'ai trouvé : « Comme une mère caresse son enfant, ainsi je vous consolerai, je vous porterai sur mon sein et je vous bercerai sur mes genoux ! » (Isaïe 66,13).

On a vu parfois dans ces paroles de Thérèse de la mièvrerie. Il est vrai que son langage est marqué par le style trop recherché de son milieu et de son époque. Mais l'abus des adjectifs et des comparaisons naïves ou fleuries ne doit pas

1895 - Thérèse (avec un sablier), ses novices
Mère Marie de Gonzague et M. Agnès de Jésus

1895 - La Communauté à la lessive

cacher la force et la clarté de la doctrine. Lorsque Thérèse se proclame « petite » elle traduit exactement l'évangile : « Bienheureux ceux qui ont un cœur de pauvre. » La petitesse de Thérèse est exactement la pauvreté en esprit proclamée bienheureuse par Jésus et dont la conséquence immédiate est la confiance la plus totale en celui qui est le seul Sauveur. C'est dans la mesure où on reconnaît son péché, sa pauvreté, sa faiblesse, sa petitesse, que l'on a besoin d'être sauvé, délivré, aimé et que l'on a recours à celui qui peut seul rendre libre, fort de sa propre force, riche de son don gratuit, aimé de son propre amour. Avec un instinct spirituel très sûr, Thérèse retrouve l'intuition sur la grâce de saint Paul et de saint Augustin, et la rend accessible à un large public. Au-delà de toutes les craintes et de tous les jansénismes, elle réaffirme le primat de la confiance, qui n'est autre chose qu'une forme de l'espérance théologale.

Thérèse s'en explique clairement à plusieurs reprises : *Il faut consentir à rester toujours pauvre et sans force et voilà le difficile car le véritable pauvre d'esprit, où le trouver ? « Il faut le chercher bien loin », a dit le psalmiste. Il ne dit pas qu'il faut le chercher parmi les grandes âmes, mais « bien loin », c'est-à-dire dans la bassesse, dans le néant. Ah ! restons bien loin de tout ce qui brille, aimons notre petitesse, aimons à ne rien sentir, alors nous serons pauvres d'esprit et Jésus viendra nous chercher, si loin que nous soyons, il nous transformera en flammes d'amour... Oh ! que je voudrais pouvoir vous faire comprendre ce que je sens !... C'est la confiance et rien que la confiance qui doit nous conduire à l'Amour...*

Thérèse prend de plus en plus conscience que ce qui lui est demandé c'est la disponibilité entre les mains de Dieu et non d'accomplir des œuvres, aussi importantes soient-elles : *Quand même j'aurais accompli toutes les œuvres de saint Paul, je me croirais encore serviteur inutile, mais c'est justement ce qui fait ma joie, car, n'ayant rien, je recevrai tout du Bon Dieu.* Et lorsqu'elle pense à sa mort dont elle pressent qu'elle ne sera pas très lointaine, elle écrit dans un texte dont elle a soigneusement pesé les termes (son acte d'offrande à l'amour miséricordieux du Christ) : *Au soir de cette vie, je paraîtrai devant vous les mains vides car je ne vous demande pas, Seigneur, de compter mes œuvres. Toutes nos justices ont des taches à vos yeux. Je veux donc me revêtir de votre propre justice, et recevoir de votre Amour la possession éternelle de Vous-même.*

Une offrande à l'amour

C'est par amour pour le Christ que Thérèse est venue au Carmel. Elle ne doute pas de sa vocation, mais il lui arrive de se sentir déchirée entre des désirs contradictoires et l'exiguïté de son cloître a pu lui paraître quelquefois comme une entrave à l'immensité de ses désirs. Mais elle réagit avec force et une profondeur qui confine au génie :

Ah ! malgré ma petitesse, je voudrais éclairer les âmes. Comme les Prophètes, les Docteurs, j'ai la vocation d'être Apôtre (...) Mais je voudrais par dessus tout, ô mon Bien-Aimé Sauveur, je voudrais verser mon sang pour toi jusqu'à la dernière goutte... Mais, là encore, je sens que mon rêve est une folie, car je ne sau-

rais me borner à désirer un genre de martyre... Pour me satisfaire, il me les faudrait tous... A l'oraison mes désirs me faisant souffrir un véritable martyre, j'ouvris les épîtres de saint Paul afin de chercher quelque réponse (...) J'y lus que tous ne peuvent être apôtres, prophètes, docteurs, etc., que l'Eglise est composée de différents membres et que l'œil ne saurait être en même temps la main... La réponse était claire mais ne comblait pas mes désirs, elle ne me donnait pas la paix... Sans me décourager, je continuai ma lecture et cette phrase me soulagea : « Recherchez avec ardeur les dons les plus parfaits, mais je vais encore vous montrer une voie plus excellente. » Et l'Apôtre explique comment tous les dons les plus parfaits ne sont rien sans l'Amour... Que la Charité est la voie excellente qui conduit sûrement à Dieu. Enfin, j'avais trouvé le repos... Considérant le corps mystique de l'Eglise, je ne m'étais reconnue dans aucun des membres décrits par saint Paul, ou plutôt je voulais me reconnaître en tous... La Charité me donna la clef de ma vocation. Je compris que si l'Eglise avait un corps, composé de différents membres, le plus nécessaire, le plus noble de tous ne lui manquait pas, je compris que l'Eglise avait un Cœur, et que ce Cœur était brûlant d'Amour. Je compris que l'Amour seul faisait agir les membres de

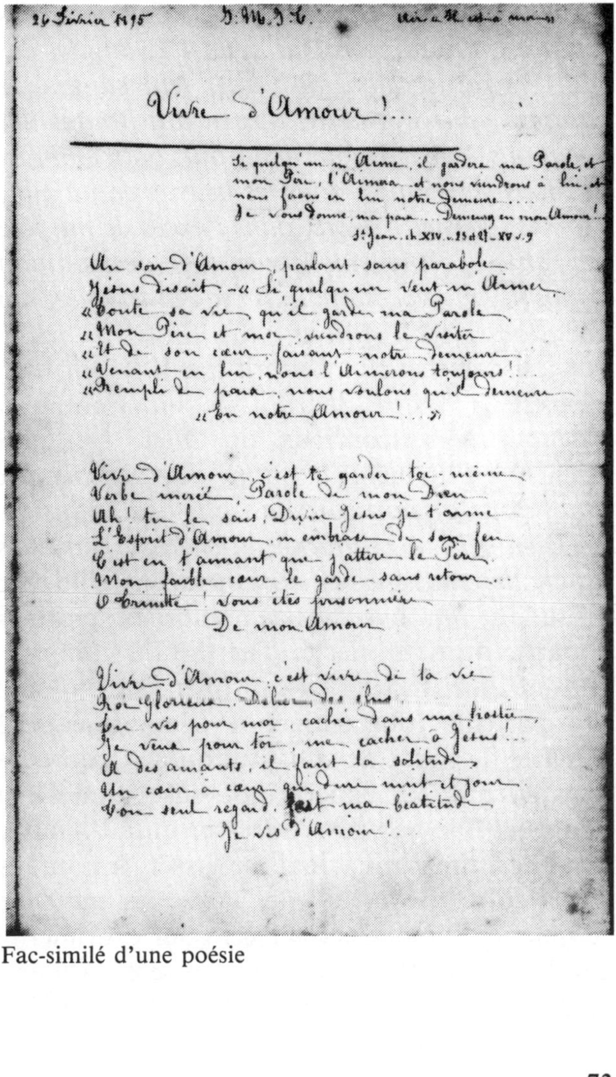
26 Février 1895 J.M.J.T. Air « Il est à moi »

Vivre d'Amour !...

Si quelqu'un m'Aime, il gardera ma Parole, et mon Père, l'Aimera et nous viendrons à lui, et nous ferons en lui notre demeure....
Je vous donne, ma paix... Demeurez en mon Amour !
St Jean. ch XIV. v. 23 et 27 – XV v. 9

Un soir d'Amour, parlant sans parabole
Jésus disait : « Si quelqu'un veut m'Aimer,
« Toute sa vie qu'il garde ma Parole
« Mon Père et moi, viendrons le visiter
« Et de son cœur, faisant notre demeure
« Venant en lui, nous l'Aimerons toujours !...
« Rempli de paix, nous voulons qu'il demeure
« En notre Amour !... »

Vivre d'Amour, c'est te garder toi-même
Verbe incréé, Parole de mon Dieu
Ah ! tu le sais, Divin Jésus je t'aime
L'Esprit d'Amour m'embrase de son feu
C'est en t'aimant que j'attire le Père
Mon faible cœur le garde sans retour...
Ô Trinité ! vous êtes prisonnière
De mon Amour

Vivre d'Amour, c'est vivre de ta vie
Roi Glorieux, Délice des élus
Tu vis pour moi, caché dans une hostie
Je veux pour toi, me cacher, ô Jésus !...
À des amants, il faut la solitude
Un cœur à cœur qui dure nuit et jour
Ton seul regard, fait ma béatitude
Je vis d'Amour !...

Fac-similé d'une poésie

l'Eglise, que si l'Amour venait à s'éteindre, les Apôtres n'annonceraient plus l'Evangile, les Martyrs refuseraient de verser leur sang... Je compris que l'Amour renfermait toutes les vocations, que l'Amour était tout, qu'il embrassait tous les temps et tous les lieux... en un mot, qu'il est éternel ! Alors, dans l'excès de ma joie délirante, je me suis écriée : O Jésus, mon Amour... ma vocation, enfin je l'ai trouvée, ma vocation, c'est l'Amour !...

C'est dans cet état d'esprit que le 9 juin 1895 Thérèse a l'idée de s'offrir en victime à l'Amour Miséricordieux de Dieu. De quoi s'agit-il ? Elle-même explique : *Je pensais aux âmes qui s'offrent comme victimes à la justice de Dieu afin de détourner et d'attirer sur elles les châtiments réservés aux coupables.* Une telle attitude se retrouve chez de nombreux spirituels à partir du XVIIe siècle. Thérèse l'a comprise comme un moyen d'exprimer sa volonté d'appartenir tout entière à Dieu, mais elle s'écarte de l'idée de substitution aux pécheurs accablés par la justice rigoureuse d'un Dieu vengeur. Elle ne veut s'adresser qu'à l'Amour qui pardonne sans jamais se lasser, à l'amour miséricordieux, et si elle garde les mots de « victime d'holocauste » c'est pour exprimer la totalité de son offrande intérieure et la plénitude de son don en excluant toute possibilité

1896

consciente de retour en arrière. Voici quelques extraits significatifs de ce grand texte : *O mon Dieu, Trinité bienheureuse, je désire vous aimer et vous faire aimer (...) je désire être sainte, mais je sens mon impuissance et je vous demande, ô mon Dieu, d'être vous-même ma sainteté (...) Afin de vivre dans un acte de parfait amour, je m'offre comme victime d'holocauste à votre Amour miséricordieux, vous suppliant de me consumer sans cesse, laissant déborder en mon âme les flots de tendresse infinie qui sont renfermés en vous, et qu'ainsi je devienne martyre de votre Amour, ô mon Dieu !... Que ce martyre, après m'avoir préparée à paraître devant vous me fasse enfin mourir et que mon âme s'élance sans retard dans l'éternel embrasement de votre miséricordieux amour... Je veux, ô mon Bien-Aimé, à chaque battement de mon cœur vous renouveler cette offrande un nombre infini de fois jusqu'à ce que, les ombres s'étant évanouies, je puisse enfin vous redire mon amour dans un face à face éternel !*

Il ne faudrait pas croire que les élans proprement mystiques qui, de temps en temps, submergent ainsi Thérèse lui font oublier les humbles réalités de la vie quotidienne : *Plus je suis unie à Jésus, plus j'aime toutes mes sœurs. Surtout lorsque le démon essaie de me mettre devant les yeux les défauts de telle ou telle sœur qui m'est moins sympathique, je m'empresse de chercher ses vertus, ses bons désirs ; je me dis que si je l'ai vue tomber une fois elle peut bien avoir remporté un grand nombre de victoires qu'elle cache par humilité.*

Thérèse rapporte un petit épisode auquel elle-même n'accorde que peu d'importance mais qui est cependant bien caractéristique de son attitude habituelle dans la communauté, telle que l'ont décrite de multiples témoignages de ses sœurs après sa mort :

Il se trouve dans la communauté une sœur qui a le talent de me déplaire en toutes choses, ses manières, ses paroles, son caractère me semblaient très désagréables. Cependant c'est une sainte religieuse qui doit être très agréable au Bon Dieu ; aussi, ne voulant pas céder à l'antipathie naturelle que j'éprouvais, je me suis dit que la charité ne devait pas consister dans les sentiments, mais dans les œuvres ; alors je me suis appliquée à faire pour cette sœur ce que j'aurais fait pour la personne que j'aime le plus. A chaque fois que je la rencontrais, je priais le Bon Dieu pour elle, Lui offrant toutes ses vertus et ses mérites (...) Je tâchais de lui rendre tous les services possibles, et quand j'avais la tentation de lui répondre d'une façon désagréable, je me contentais de lui faire mon plus aimable sourire, et je tâchais de détourner la conversation. Souvent aussi, pendant les heures de travail, ayant quelques rapports d'emploi avec cette sœur, lorsque mes combats étaient trop violents, je m'enfuyais comme un déserteur. Comme elle ignorait absolument ce que je sentais pour elle, jamais elle n'a soupçonné les motifs de ma conduite et demeure persuadée que son caractère m'est agréable. Un jour, à la récréation, elle me dit à peu près ces paroles d'un air très content : « Voudriez-vous me dire, ma sœur Thérèse de l'Enfant Jésus, ce qui vous

1895 - La Communauté en récréation

attire tant vers moi, à chaque fois que vous me regardez, je vous vois sourire ? » Ah ! ce qui m'attirait, c'était Jésus caché au fond de son âme... Jésus qui rend doux ce qu'il y a de plus amer... Je lui répondis que je souriais parce que j'étais contente de la voir.

Cette charité fraternelle quotidienne, elle déborde le petit Carmel de Lisieux. En octobre 1895, Mère Agnès propose à Thérèse d'aider par sa prière tout spécialement un séminariste de vingt et un ans, Maurice Bellière, qui envisage de partir en Afrique. Thérèse accepte avec grande joie cette demande, et, bien qu'elle reste très discrète vis-à-vis du jeune abbé, elle se met à prier beaucoup pour lui et à offrir au Seigneur toutes sortes de petits sacrifices de la vie quotidienne pour le futur missionnaire. Plus tard, en mai 1896, mère Marie de Gonzague confiera à Thérèse un autre « frère » prêtre, le père Adolphe Roulland, des Missions Etrangères de Paris, qui se prépare à partir en Chine. Le jeune prêtre vient célébrer une de ses premières messes au Carmel et s'entretient au parloir avec Thérèse. Celle-ci trouve dans cette rencontre et la correspondance qui la suivra, une merveilleuse occasion de se reconnaître fille de l'Eglise et de rejoindre l'ardeur conquérante de sainte Thérèse d'Avila qui souhaitait que le zèle d'une carmélite embrassât le monde.

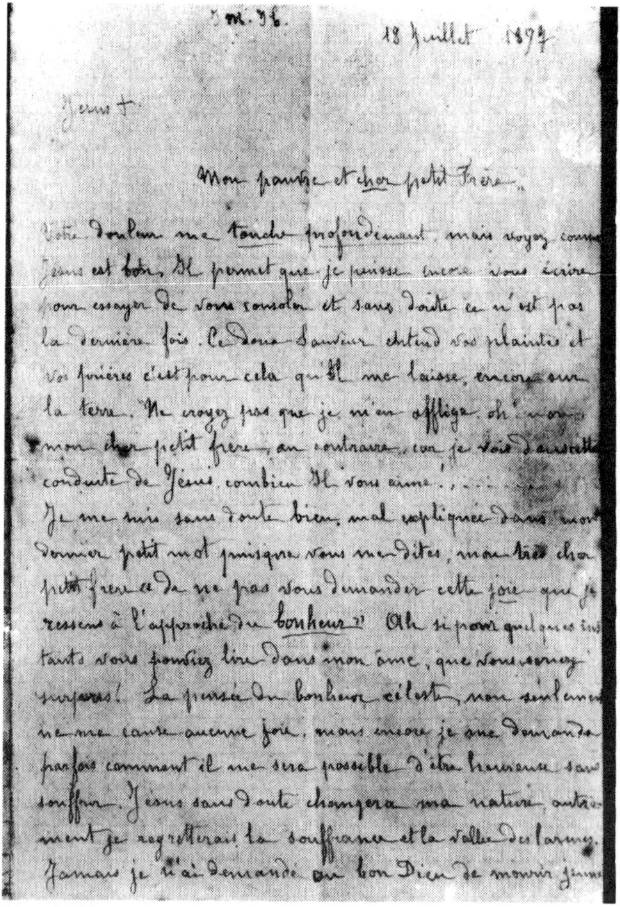

J.M.J.T.

18 juillet 1897

Jésus †

Mon pauvre et cher petit Frère,

Votre douleur me touche profondément, mais voyez com[bien]
Jésus est bon, Il permet que je puisse encore vous écrire
pour essayer de vous consoler et sans doute ce n'est pas
la dernière fois. Ce doux Sauveur entend vos plaintes et
vos prières c'est pour cela qu'Il me laisse encore sur
la terre. Ne croyez pas que je m'en afflige. oh ! non,
mon cher petit frère, au contraire, car je vois dans cette
conduite de Jésus combien Il vous aime !...
Je me suis sans doute bien mal expliquée dans mon
dernier petit mot puisque vous me dites, mon très cher
petit frère « de ne pas vous demander cette joie que je
ressens à l'approche du bonheur » Ah si pour quelques ins-
tants vous pouviez lire dans mon âme, que vous seriez
surpris ! La pensée du bonheur céleste, non seulement
ne me cause aucune joie, mais encore je me demande
parfois comment il me sera possible d'être heureuse sans
souffrir. Jésus sans doute changera ma nature, autre-
ment je regretterais la souffrance et la vallée des larmes.
Jamais je n'ai demandé au bon Dieu de mourir jeune

Fac-similé d'une lettre à l'abbé Bellière

La réélection de Mère Marie de Gonzague (1896)

Céline, sœur Geneviève de la Sainte Face, termine son temps de noviciat et devrait être admise à prononcer ses vœux. Mais en tant que maîtresse des novices, Mère Marie de Gonzague propose de retarder cet engagement. En effet, Mère Agnès, la prieure, doit terminer son triennat à peu près à la même date et Mère Marie de Gonzague sait bien que certaines sœurs envisagent de la réélire elle-même. Or elle aimerait présider la cérémonie de profession de sœur Geneviève. Les quatre sœurs Martin sont blessées par ces petits calculs et surtout la pauvre Céline qui aspire bien naturellement à faire profession à la date normale entre les mains de sa sœur aînée, Mère Agnès. On en parle en

1896 - Thérèse et sœur Geneviève (Céline)

sourdine dans la communauté et, pour une fois, sœur Thérèse, si discrète habituellement, laisse éclater un cri d'indignation : *Il y a des épreuves que l'on ne doit pas donner !* Elle accepte l'injustice pour elle, mais pas pour les autres. Finalement, la controverse s'apaise. Sœur Geneviève fait profession devant Mère Agnès le

24 février, elle reçoit le voile noir le 17 mars et sa cousine Marie Guérin prend l'habit du Carmel le même jour en recevant le nom de sœur Marie de l'Eucharistie.

Le 21 mars 1896, les seize religieuses qui ont voix au chapitre se réunissent pour élire la nouvelle prieure. Thérèse n'en fait pas partie car une disposition de la règle interdit que plus de deux sœurs de la même famille prennent part au vote. Le débat sera long : sept tours de vote sont nécessaires. Finalement Mère Marie de Gonzague est élue. Thérèse est terriblement déçue mais elle ne le montre pas. Au contraire, elle manifestera à sa prieure non seulement une totale obéissance mais une très grande affection. Elle fera preuve aussi de beaucoup de délicatesse et de sens diplomatique, car Mère Marie de Gonzague se montrera souvent jalouse de son autorité.

C'est ainsi que la nouvelle prieure décide de cumuler sa charge avec celle de maîtresse des novices et nomme sœur Thérèse son adjointe auprès des jeunes religieuses. En fait, c'est sur Thérèse que va reposer la responsabilité du noviciat. Bien qu'elle n'ait ni le titre, ni l'autorité correspondant à cette mission, elle se donne de tout son cœur à sa tâche auprès de celles qu'elle appelle ses agneaux. Cependant tout n'est pas facile : *Je vis tout de suite que la tâche était au-dessus de mes forces ; alors je me suis mise dans les bras du Bon Dieu comme un petit enfant, et je lui ai dit : Seigneur, je suis trop petite pour nourrir vos enfants ; si vous voulez leur donner par moi ce qui convient à chacune, remplissez ma petite main et sans quitter vos bras, sans détourner la tête, je donnerai vos trésors à l'âme qui viendra me demander sa nourriture.* Thérèse comprend que sa manière de conduire les novices n'est pas toujours appréciée par toutes, car elle écrit à sa prieure : *Je sais bien que vos petits agneaux me trouvent sévère. S'ils lisaient ces lignes ils diraient que cela n'a pas l'air de me coûter le moins du*

1896 - Thérèse « sacristine » avec ses sœurs
et sa cousine

monde de courir après eux, de leur parler d'un ton sévère (...) Ils peuvent dire tout ce qu'ils voudront ; dans le fond, ils sentent que je les aime d'un véritable amour (...) Je suis prête à donner ma vie pour eux, mais mon affection est si pure que je ne désire pas qu'ils la connaissent. Jamais, avec la grâce de Jésus, je n'ai essayé de m'attirer leurs cœurs. J'ai compris que ma mission était de les conduire à Dieu (...) Ah ! c'est la prière, c'est le sacrifice qui font toute ma force...

L'épreuve de la foi

Thérèse avait toujours vécu avec une foi tranquille et assurée. Une famille profondément religieuse, puis l'ambiance fervente du Carmel n'avaient jamais laissé s'élever en elle aucun doute concernant quelque point de foi. Or, voilà qu'en avril 1896, pour elle tout bascule. Elle perd brutalement l'assurance de l'existence de Dieu et surtout celle d'une vie éternelle par-delà la mort. Du moins elle perd l'assurance tranquille, sinon sensible, mais elle garde l'essentiel qui est la vraie foi, une foi volontaire, dépouillée et douloureuse certes, mais une foi combattante et victorieuse, la foi telle que saint Jean de la Croix a pu la décrire, humble lumière qu'aucune ténèbre ne peut totalement étouffer. Voici le récit de Thérèse : *Aux jours si lumineux du temps pascal (avril 1896), Jésus m'a fait sentir qu'il y a véritablement des âmes qui n'ont pas la foi (...) Il permit que mon âme fût envahie par les plus épaisses ténèbres et que la pensée du ciel si douce pour moi ne soit plus qu'un sujet de combat et de tourment (...) Je voudrais vous exprimer ce que je sens, mais hélas ! c'est impossible. Il faut avoir voyagé sous ce sombre tunnel pour en comprendre l'obscurité (...) Lorsque je veux reposer mon cœur fatigué des ténèbres qui l'entourent, par le souvenir du pays lumineux vers lequel j'aspire, mon tourment redouble. Il me semble que les ténèbres empruntant la voix des pécheurs me disent en se moquant de moi : « Tu rêves la lumière, une patrie embaumée, tu rêves la possession éternelle du Créateur de ces merveilles, tu crois sortir un jour des brouillards qui t'environnent ! Avance, avance, réjouis-toi de la mort qui te donnera, non ce que tu espères, mais une nuit plus profonde encore, la nuit du néant. »*

Comment réagit-elle à cette lourde épreuve qui se prolongera presque continuellement jusqu'à sa mort ? D'une part en réaffirmant sa foi avec toutes ses capacités d'intelligence et de volonté. D'autre part en offrant sa souffrance intime pour les incrédules et les pécheurs.

Elle réaffirme sa foi : *Je crois avoir fait plus d'actes de foi depuis un an*, écrit-elle en 1897, *que pendant toute ma vie. A chaque nouvelle occasion de combat, lorsque mon ennemi vient me provoquer (...) je tourne le dos à mon adversaire sans daigner le regarder en face ; mais je cours vers mon Jésus, je lui dis être prête à verser jusqu'à la dernière goutte de mon sang pour confesser qu'il y a un ciel (...) Malgré cette épreuve qui m'enlève toute jouissance, je puis cependant m'écrier : Seigneur, vous me comblez de joie par tout ce que vous faites (Psaume 91). Car est-il une joie plus grande que celle de souffrir pour votre amour ? (...) Cependant le voile de la foi, ce n'est plus un voile pour moi, c'est un mur qui s'élève jusqu'aux cieux et couvre le firmament étoilé... Lorsque je chante le bonheur du Ciel, l'éternelle possession de Dieu, je n'en ressens aucune joie, car je chante simplement ce que je veux croire. (...) Jamais je n'ai si bien senti combien le Seigneur est doux et miséricordieux, il ne m'a envoyé cette épreuve qu'au moment où j'ai eu la force de la supporter.*

En même temps qu'elle lutte pour affirmer sa foi, Thérèse intercède pour les pécheurs et surtout les incrédules, ceux qui *par l'abus des grâces perdent ce précieux trésor de la foi. Seigneur*, dit-elle, *votre enfant vous demande par-*

don pour ses frères, elle accepte de manger aussi longtemps que vous voudrez le pain de la douleur et ne veut point se lever de cette table

1896

remplie d'amertume où mangent les pauvres pécheurs avant le jour que vous avez marqué... Aussi peut-elle dire en son nom, au nom de ses frères : Ayez pitié de nous, Seigneur, car nous sommes de pauvres pécheurs ! Oh ! Seigneur, renvoyez-nous justifiés... Que tous ceux qui ne sont pas éclairés du lumineux flambeau de la foi le voient luire enfin... ô Jésus, s'il faut que la table souillée par eux soit purifiée par une âme qui vous aime, je veux bien y manger seule le pain de l'épreuve jusqu'à ce qu'il vous plaise de m'introduire dans votre lumineux royaume.

Jamais Thérèse ne laisse paraître la moindre amertume. Lors de sa dernière maladie, quelqu'un lui dit : « La vie est triste. » *C'est l'exil qui est triste,* répond-elle, *et non la vie. Il faut réserver ce beau nom de vie à ce qui ne doit jamais mourir, et, puisque nous en jouissons dès ce monde, la vie n'est pas triste, mais gaie, très gaie !* Et elle confie encore à sa prieure : *Vous le savez bien, le Bon Dieu a daigné faire passer mon âme par bien des genres d'épreuves ; j'ai beaucoup souffert depuis que je suis sur terre, mais si dans mon enfance j'ai souffert avec tristesse, ce n'est plus ainsi que je souffre maintenant, c'est dans la joie et la paix. (...) Il est si doux de servir le Bon Dieu dans la nuit de l'épreuve, nous n'avons que cette vie pour vivre de foi !*

1896 - Dans l'allée des marronniers

La maladie se déclare
(Pâques 1896)

Thérèse est grande et de forte constitution. On a même pensé qu'elle pourrait aller renforcer la petite communauté du Carmel de Saïgon. Ce Carmel a été fondé par celui de Lisieux et depuis l'entrée de Thérèse au monastère une religieuse est encore partie là bas. La correspondance que Thérèse entretient avec celui qu'elle appelle son frère, le père Roulland, maintenant en Chine, ne peut que nourrir son rêve missionnaire. *Je voudrais parcourir la terre, prêcher ton nom (Seigneur), et planter sur le sol infidèle ta croix glorieuse, mais, ô mon Bien-Aimé, une seule mission ne me suffirait pas, je voudrais en même temps annoncer l'évangile dans les cinq parties du monde et jusque dans les îles les plus reculées... Je voudrais être missionnaire non seulement pendant quelques années, mais je voudrais l'avoir été depuis la création du monde et l'être jusqu'à la consommation du monde, et l'être jusqu'à la consommation des siècles.*

Mais le soir du Jeudi saint 3 avril 1896, alors qu'elle vient de se coucher, elle est prise d'un vomissement de sang. La même chose se reproduit le lendemain. Le médecin, consulté au parloir du monastère quelques jours plus tard, et qui ne peut même pas procéder à une auscultation sérieuse, ne diagnostique qu'une lésion de la gorge et ordonne un traitement banal. Thérèse semble se rétablir. En novembre, il est à nouveau question de l'éventualité d'un départ pour l'Indochine. Mais elle se met à tousser et, visiblement, sa santé se détériore. La prieure lui accorde une chaufferette pour qu'elle ait un peu moins froid dans sa chambre. Thérèse plaisante : *Les saints sont entrés au ciel avec leurs instruments de pénitence, moi j'y entrerai avec ma chaufferette.* Elle supporte un traitement médical aussi rigoureux qu'inefficace : ventouses, vésicatoires, frictions au gant de crin.

Elle s'épuise, mais elle tient à se lever autant qu'elle le peut, surtout pour la messe et les réunions de communauté. A Noël et pour la fête des Saints Innocents, elle compose encore des

1896

poèmes et les fait chanter par les novices. Les enfants martyrs lui inspirent une comparaison avec elle-même : eux aussi avaient les mains vides et cependant ils ont été accueillis dans l'amour de Dieu. Pendant le carême, elle s'efforce de participer encore aux offices communautaires. Sœur Marie de l'Eucharistie, sa cousine, fait profession. Thérèse compose encore pour elle un cantique où l'on trouve ce vers : *Je dois lutter sans repos et sans trêve.* Ce sera la dernière fête à laquelle Thérèse pourra participer au milieu de ses sœurs.

En avril, les crachements de sang reprennent, la toux la secoue en longues quintes, la fièvre la mine chaque soir. Peu à peu elle abandonne toutes les activités de la communauté, les offices au chœur, les travaux d'entretien de la maison ou à la lingerie, et même les récréations. Elle écrit encore à l'abbé Bellière qui se prépare à partir en Afrique, et au père Roulland en Chine, et elle prie pour eux, elle offre pour eux. Alors qu'elle avance en chancelant dans le cloître, une sœur lui suggère d'aller se reposer. *Je marche pour un missionnaire,* répond-elle.

Cependant elle écrit encore des poésies dans lesquelles elle fait passer toute son âme. Pour répondre à la demande d'une Carmélite de Paris, elle compose « La rose effeuillée » dont le symbolisme sera utilisé dans le célèbre portrait peint par sa sœur Céline et qui la représente avec un crucifix et un bouquet de roses entre les bras. Mais la pensée de Thérèse est autrement forte :

Seigneur, sur tes autels plus d'une fraîche rose
Aime à briller
Elle se donne à toi... mais je rêve d'autre chose :
C'est m'effeuiller.
(...)
Mais la rose effeuillée, tout simplement, on la jette
Au gré du vent
Une rose effeuillée sans recherche se donne
Pour n'être plus,
Comme elle, avec bonheur, à toi je m'abandonne... !

La religieuse à qui était destiné le poème ne le comprend pas. Elle réclame une conclusion plus optimiste que Thérèse ne fera pas. Il est vrai que ce texte pourrait être compris comme une espèce de fatalisme devant la mort et même de nihilisme, mais ce qui retourne en vraie foi l'abandon de Thérèse, c'est qu'elle s'adresse directement au Christ ; il s'agit même dans le texte du « Petit Jésus » et si cela gâte quelque peu le souffle poétique du morceau, cela ramène le lecteur à la contemplation du mystère du Verbe Incarné dans lequel Thérèse lit une annonce de la passion de son Sauveur. Ce n'est pas pour rien qu'elle signe toujours sœur Thérèse de l'Enfant Jésus et de la Sainte Face, en unissant le visage de l'Enfant et celui du Crucifié. La rose effeuillée, c'est elle qui s'abandonne totalement à la volonté du Père comme Jésus acceptant la croix par amour et pour sauver le monde.

Une autre religieuse lui demande un petit poème sur l'abandon. L'inspiration poétique de Thérèse y est moins apparente :

Seul l'Abandon me livre
En tes bras, ô Jésus.
C'est lui qui me fait vivre
De la vie des Elus.

Mais la pensée est tout aussi profonde et cohérente avec sa propre expérience. Thérèse sait que l'abandon n'est pas *l'ouvrage de celui qui veut, ni de celui qui court, mais de Dieu qui fait miséricorde*. Elle se reconnaît tout abandonnée entre les mains de Dieu, mais elle voit là l'unique action de la grâce : *Maintenant, j'y suis (dans l'abandon) : le Bon Dieu m'y a mise, il m'a prise dans ses bras et m'a posée là...*

Le mois de mai est traditionnellement consacré à Marie. Dans son loisir forcé, Thérèse compose un long poème de deux cents vers intitulé : « Pourquoi je t'aime, ô Marie. » Elle avait confié son agacement devant les hyperboles louangeuses de certains prédicateurs et déclaré que pour elle Marie était plus Mère que Reine. On peut dire, en lisant son poème, que Marie y apparaît encore plus comme une croyante que comme une mère. Le fil de sa méditation lui est fourni tout simplement par la trame évangélique de tous les épisodes où Marie est présente. Ainsi, après l'évocation de l'enfant perdu et retrouvé au temple, elle écrit :

Mère, ton doux enfant veut que tu sois l'exemple
De l'âme qui te cherche dans la nuit de la foi.

Et devant l'angoisse de la mère, où elle reconnaît quelque chose de ses propres angoisses, elle livre ces deux vers qui contiennent bien tout ce que l'épreuve lui a révélé :

Marie, c'est donc un bien de souffrir sur la terre ?
Oui, souffrir en aimant, c'est le plus pur bonheur !

Et elle continue avec ses paroles où l'on reconnaît encore sa doctrine de l'abandon :

1897

Tout ce qu'il m'a donné, Jésus peut le reprendre
Dis-lui de ne jamais se gêner avec moi.
Il peut bien se cacher, je consens à l'attendre
Jusqu'au jour sans couchant où s'éteindra ma foi...

Ce dernier vers contient une allusion à saint Paul qui dit qu'à la mort la foi disparaît pour être remplacée par la claire vision de Dieu. Citons encore :

Aimer, c'est tout donner et se donner soi-même.

Dans la dernière strophe, avec une allusion à l'intervention personnelle de la Vierge Marie dans sa maladie d'adolescente, elle exprime une humble espérance :

Bientôt, dans le beau ciel, je vais aller te voir
Toi qui vint me sourire au matin de ma vie,
Viens me sourire encore... Mère... Voici le soir.

En ces jours d'épreuve intérieure et de souffrance physique intense, elle relit tout ce qu'elle a écrit comme pour y trouver réconfort, en ravivant en elle le souvenir de toutes les grâces qu'elle a reçues. Elle sait qu'elle doit se préparer à la mort, et elle le fait en toute sérénité : *Je ne désire pas plus mourir que vivre (...) ; si j'avais à choisir, j'aimerais mieux mourir ; mais puisque c'est le Bon Dieu qui choisit pour moi, j'aime mieux ce qu'il veut. C'est ce qu'il fait que j'aime.*

La passion de Thérèse (juin-septembre 1897)

La prieure autorise plus souvent les visites auprès de la malade, notamment celles de Mère Agnès de Jésus. Celle-ci se rend compte de l'état de gravité de la maladie de Thérèse : il devient de plus en plus évident qu'elle est rongée par la tuberculose. Et, à l'époque, on n'a aucun moyen sérieux à opposer à la terrible maladie. C'est alors que Mère Agnès, qui avait été ravie de lire les souvenirs que Thérèse avait rédigés pour elle lorsqu'elle était prieure, prend son courage à deux mains pour affronter son ombrageuse remplaçante. Un soir, très tard, elle va la trouver et lui dit : « Ma Mère, il m'est impossible de dormir avant de vous avoir confié un secret : pendant que j'étais prieure, sœur

Thérèse m'écrivit, pour me faire plaisir et par obéissance, quelques souvenirs de son enfance. J'ai relu cela l'autre jour, mais vous ne pourrez pas en tirer grand-chose pour vous aider à faire sa circulaire après sa mort, car il n'y a rien sur sa vie religieuse. Si vous le lui commandiez, elle pourrait écrire quelque chose de plus sérieux, et je ne doute pas que ce que vous auriez ne soit incomparablement mieux que ce que j'ai. »

Le lendemain 3 juin Mère Marie de Gonzague demande à Thérèse de continuer à écrire.

Cahier de Thérèse, sablier et lanterne

Sur un petit cahier à la couverture noire et avec un crayon, Thérèse se met au travail. Elle s'adresse directement à sa prieure : *C'est avec vous, Mère bien-aimée, c'est pour répondre à votre désir que je vais essayer de redire les sentiments de mon âme, ma reconnaissance envers le Bon Dieu...* Elle s'excuse à l'avance de sa simplicité : *J'agis avec vous comme un enfant parce que vous n'agissez pas avec moi en prieure, mais en Mère.* Puis elle parle sans plan préétabli de sa petite voie de confiance, de sa difficulté dans l'ordre de la foi et surtout de son amour pour celui qu'elle appelle très habituellement son Bien-Aimé, ou son Epoux, c'est-à-dire Jésus. Elle terminera son texte par une série de considérations, dans lesquelles elle glisse souvent une pointe d'humour, sur la charité fraternelle. Le manuscrit restera inachevé le 11 juillet 1897. Il se termine par deux mots : *la confiance et l'amour.*

Durant tout le mois de juin, Thérèse passe beaucoup de temps dans un petit fauteuil de jardin. On la descend sous le cloître pour qu'elle puisse prendre un peu l'air, ou on l'installe au jardin dans l'ancien fauteuil roulant de son père. Avec celles qui la visitent, elle reste paisible et même gaie. Pourtant elle n'hésite pas à évoquer sa mort. La communauté a commencé une neuvaine à Notre Dame des Vic-

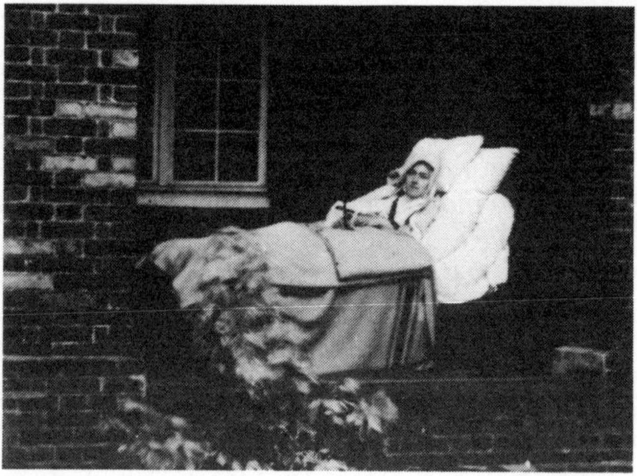

1897 - Thérèse, malade, sous le cloître

toires, pour demander sa guérison, mais elle dit : *Oh ! mes petites sœurs, que je suis heureuse ! Je vois que je vais bientôt mourir, j'en suis sûre maintenant. Ne vous étonnez pas si je ne vous apparais pas après ma mort et si vous ne voyez aucune chose extraordinaire comme signe de mon bonheur. Vous vous rappellerez que c'est ma petite voie de ne rien désirer voir.* Mais pendant cette même neuvaine, elle écrit à sa prieure : *Je veux bien être malade toute ma vie si cela fait plaisir au Bon Dieu, et je consens même à ce que ma vie soit très longue, la seule grâce que je désire, c'est qu'elle soit brisée par l'amour.*

Au début de juillet, elle est prise de terribles hémoptysies et on la descend de sa cellule jusqu'à l'infirmerie, vaste pièce située au rez-de-chaussée où il est plus facile de la soigner et aussi de la visiter.

Mère Agnès obtient la permission de passer le temps des offices et des récréations auprès d'elle. Et sa principale infirmière est sœur Geneviève. Mère Agnès a pris l'habitude de noter sur un petit carnet tout ce que la malade lui dit et qui lui paraît de quelque importance. Voici quelques extraits de ces confidences recueillies au jour le jour :

4 juin. — *Ne vous faites pas de peine mes petites sœurs, si je souffre beaucoup et si vous ne voyez en moi, comme je vous l'ai déjà dit, aucun signe de bonheur au moment de ma mort. Notre Seigneur est bien mort Victime d'Amour, et voyez quelle a été son agonie !*

9 juin. — *Je n'ai plus de grands désirs si ce n'est celui d'aimer jusqu'à mourir d'amour.*

22 juin. — *Quand même j'aurais accompli toutes les œuvres de saint Paul, je me croirais encore « serviteur inutile », mais c'est justement ce qui fait ma joie, car n'ayant rien, je recevrai tout du Bon Dieu.*

11 juillet. — *On pourrait croire que c'est*

parce que je n'ai pas péché que j'ai une confiance si grande dans le Bon Dieu. Dites bien, ma Mère, que si j'avais commis tous les crimes possibles, j'aurais toujours la même confiance, je sens que toute cette multitude d'offenses serait comme une goutte d'eau jetée dans un brasier ardent.

17 juillet. — *Je sens que je vais entrer dans le repos... Mais je sens surtout que ma mission va commencer, ma mission de faire aimer le Bon Dieu comme je l'aime, de donner ma petite voie aux âmes. Si le Bon Dieu exauce mes désirs, mon Ciel se passera sur la terre jusqu'à la fin du monde. Oui, je veux passer mon Ciel à faire du bien sur la terre. Ce n'est pas impossible, puisqu'au sein même de la vision béatifique, les Anges veillent sur nous.*

— *Je ne puis pas me faire une fête de jouir, je ne veux pas me reposer tant qu'il y aura des âmes à sauver... Mais lorsque l'Ange aura dit : « Le temps n'est plus ! » Alors je me reposerai, je pourrai jouir, parce que le nombre des élus sera complet et que tous seront entrés dans la joie et dans le repos. Mon cœur tressaille à cette pensée.*

3 août. — Comment avez-vous fait pour arriver à cette paix inaltérable qui est votre partage ?

— *Je me suis oubliée et j'ai tâché de ne me rechercher en rien.*

10 août. — *Si vous saviez quelles affreuses pensées m'obsèdent ! priez bien pour moi afin que je n'écoute pas le démon qui veut me persuader de tant de mensonges. C'est le raisonnement des pires matérialistes qui s'impose à mon esprit : « Plus tard, en faisant sans cesse des progrès nouveaux, la science expliquera tout naturellement, on aura la raison absolue de tout ce qui existe et qui reste encore un problème, parce qu'il reste beaucoup de choses à découvrir... etc.*

Septembre. — *Notre Seigneur est mort sur la croix dans les angoisses, et voilà pourtant la plus belle mort d'amour. C'est la seule qu'on ait vue.*

En septembre, elle est réduite à ce qu'elle appelle elle-même avec encore un sourire *un squelette*. Elle n'a même plus la force de faire le signe de la croix. Et surtout elle étouffe. Elle gémit doucement : *L'air de la terre me manque. Quand est-ce que le Bon Dieu me donnera l'air du Ciel ? Jamais je ne vais savoir mourir...*

Le 29 septembre, elle râle. Le lendemain elle reprend connaissance. Très agitée, elle demande à plusieurs reprises : *Préparez-moi à bien mou-*

rir. On a récité les prières des agonisants. Ses sœurs lui suggèrent des invocations. L'après-midi, elle confie encore à Mère Marie de Gonzague : *Il me semble que je n'ai jamais cherché que la vérité ; oui, j'ai compris l'humilité du cœur... Il me semble que je suis humble.* Vers dix-sept heures, elle paraît au plus mal. On sonne la cloche pour rassembler la communauté autour d'elle. Voici le récit que sa sœur aînée, mère Agnès de Jésus, a fait de ces derniers instants :

« Vers 5 heures, j'étais seule près d'elle. Son visage changea tout à coup, je compris que c'était la dernière agonie.

Lorsque la communauté entra dans l'infirmerie, elle accueillit toutes les sœurs avec un doux sourire. Elle tenait son Crucifix et le regardait constamment. Pendant plus de deux heures, un râle terrible déchira sa poitrine. Son visage était congestionné, ses mains violacées, elle avait les pieds glacés et tremblait de tous ses membres. Une sueur abondante perlait en gouttes énormes sur son front et ruisselait sur ses joues...

A un moment elle semblait avoir la bouche si desséchée que sœur Geneviève, pensant la soulager, lui mit sur les lèvres un petit morceau de glace. Elle l'accepta en lui faisant un sourire que je n'oublierai jamais. C'était comme un suprême adieu.

A 6 heures, quand l'Angelus sonna, elle regarda longuement la statue de la Sainte Vierge.

Enfin, à 7 heures et quelques minutes, notre Mère ayant congédié la communauté, elle soupira :

— Ma Mère ! N'est-ce pas encore l'agonie ?... Ne vais-je pas mourir ?...

— Oui, ma pauvre petite, c'est l'agonie, mais le Bon Dieu veut peut-être la prolonger de quelques heures.

Elle reprit avec courage :

— Eh bien !... allons !... allons !...

Oh ! je ne voudrais pas moins longtemps souffrir...

Et regardant son Crucifix :

— Oh ! je l'aime !...

— Mon Dieu je vous aime...

Tout à coup, après avoir prononcé ces paroles, elle tomba doucement en arrière, la tête penchée à droite. Notre Mère fit sonner bien vite la cloche de l'infirmerie pour rappeler la communauté. "Ouvrez toutes les portes", disait-elle en même temps. Cette parole avait quelque chose de solennel et me fit penser qu'au Ciel le Bon Dieu la disait aussi à ses anges.

Les sœurs eurent le temps de s'agenouiller autour du lit et furent témoins de l'extase de la sainte petite mourante. Son visage avait repris le teint de lys qu'il avait en pleine santé, ses yeux étaient fixés en haut et brillants de paix et de joie.

Cette extase dura à peu près l'espace d'un Credo, et elle rendit le dernier soupir. »

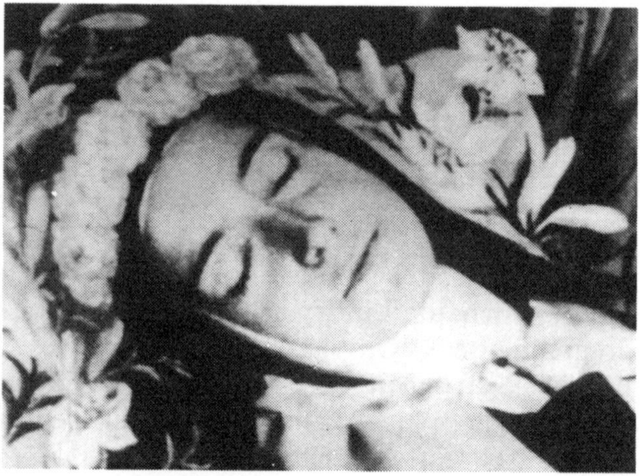

1897 - Thérèse exposée au chœur après sa mort

Sainte Thérèse

C'était l'usage dans les carmels, après la mort d'une sœur, d'envoyer aux autres monastères de l'Ordre une « circulaire », c'est-à-dire une brève biographie ou un portrait spirituel de la défunte. A Thérèse, Mère Agnès et Mère Marie de Gonzague avaient demandé d'écrire ses souvenirs pour leur donner de quoi rédiger cette circulaire. Mais Thérèse avait fait beaucoup plus. Et en juillet 1897, Mère Agnès lui propose de faire un livre à partir de ses notes. Thérèse n'écarte pas cette possibilité. Après tout si ces pages peuvent faire du bien, elle en sera heureuse. Mais elle demande à Mère Agnès de mettre au propre tout ce qu'elle a écrit ; qu'elle corrige, ajoute ou retranche à son gré. Un jour,

Mère Agnès demande à sa sœur de relire un passage qui lui semble demander correction. A cette lecture Thérèse ressent beaucoup d'émotion : *Ce que je relis de ce cahier, c'est si bien mon âme ! Ma Mère, ces pages feront beaucoup de bien. On connaîtra mieux ensuite la douceur du Bon Dieu...* Et elle ajoute avec une lucidité prophétique stupéfiante : *Ah ! je le sais bien, tout le monde m'aimera... Une œuvre bien importante... Mais attention, il y en aura pour tous les goûts, excepté pour les voies extraordinaires.*

Aussitôt après la mort de sa jeune sœur, Mère Agnès se met au travail. Avec les écrits laissés par Thérèse, à vrai dire largement retouchés dans de nombreux détails, elle compose un volume de près de cinq cents pages. L'oncle Guérin s'occupe de l'impression et un an jour pour jour après la mort de la petite carmélite paraît un beau volume l'*Histoire d'une âme*, tiré à deux mille exemplaires. Le succès est foudroyant. Il faut très vite réimprimer. Des traductions sont faites en toutes les langues européennes et même en japonais. Des lettres arrivent par centaines, puis par milliers au monastère de Lisieux. On y trouve les récits de nombreuses grâces, de conversions et de guérisons obtenues par l'intercession de la « petite sœur Thérèse ». Et l'on commence à parler de canonisation, à la grande stupéfaction des sœurs de Lisieux qui n'avaient jamais envisagé une telle hypothèse...

Mais le pape Pie X a lu l'*Histoire d'une âme* et il a été conquis. En 1907, il n'hésite pas à parler de Thérèse comme de « la plus grande sainte des temps modernes ». Et les démarches nécessaires à un procès de canonisation commencent. La guerre qui éclate en 1914 les retarde. Cependant le 17 mai 1925, Pie XI proclame solennellement la sainteté de sœur Thérèse de l'Enfant Jésus et de la Sainte Face. Deux ans plus tard il en fait la patronne prin-

Le cloître du Carmel aujourd'hui avec la statue de sainte Thérèse

La basilique de Lisieux dédiée à sainte Thérèse

cipale des missions de tout l'univers à l'égal de saint François Xavier, elle qui n'avait jamais quitté son cloître mais qui avait ardemment désiré demeurer missionnaire par le cœur jusqu'à la consommation des siècles.

Depuis la parution de l'*Histoire d'une âme*, les travaux se sont multipliés sur Thérèse. Des dizaines de livres ont analysé sa démarche spirituelle. Depuis une trentaine d'années, un travail très sérieux a été fait pour retrouver le texte primitif de ses écrits, en le dégageant des corrections de Mère Agnès. Il n'en paraît ainsi que plus fort et plus chargé de vérité. Parallèlement, on a retrouvé les photographies authentiques de Thérèse, prises par sa sœur Céline. A côté des portraits officiels bien fades qui s'étaient répandus par milliers, le visage de Thérèse y apparaît sans rien de mièvre, mais grave, fort et pacifié.

Thérèse est priée aujourd'hui non seulement à Lisieux, mais dans le monde entier et sa petite voie de confiance et d'amour a été proposée à tous les chrétiens dans toutes les langues. Mille sept cents églises lui sont dédiées à travers tout l'univers. Comme le disait en souriant Pie XI, elle est devenue « l'enfant chérie du monde ».

Bibliographie

LES ÉCRITS DE THÉRÈSE

En édition accessible :

Manuscrits autobiographiques, Histoire d'une Ame, Cerf-DDB, ou en livre de poche, « Livre de Vie », Seuil.

Lettres de Thérèse, « Une course de géant », Cerf-DDB.

Poésies, Cerf-DDB.

Derniers Entretiens. « J'entre dans la vie » (paroles recueillies par ses sœurs), Cerf-DDB.

En édition critique, avec notes :

Manuscrits autobiographiques, édition en fac similé, avec 3 volumes de notes, OCL, Lisieux.

Correspondance Générale, Lettres de Thérèse et de ses correspondants, avec introduction et notes, 2 volumes, Cerf-DDB.

Poésies, 2 volumes, avec notes, Cerf-DDB.

Derniers Entretiens avec introduction et notes, Cerf-DDB, et son volume d'*Annexes* (synopse des quatre versions des entretiens de Mère Agnès).

Une brève anthologie des œuvres en trois petits volumes :

Pensées 1, 2, 3, par Conrad De Meester, « Foi Vivante », Cerf.

Sœur Geneviève, *Conseils et souvenirs*, « Foi Vivante », Cerf.

UNE REMARQUABLE BIOGRAPHIE

Guy Gaucher, *Histoire d'une vie, Thérèse Martin*, Cerf.

TROIS LIVRES CLÉS

Liagre, *Retraite avec sainte Thérèse de Lisieux*, Lisieux.

Victor Sion, *Réalisme spirituel de Thérèse de Lisieux*, « Foi Vivante », Cerf.

Conrad De Meester, *Les mains vides. Le message de Thérèse de Lisieux*, « Foi Vivante », Cerf.

UN ALBUM DE PHOTOS AUTHENTIQUES

Visage de Thérèse de Lisieux, Office Central de Lisieux.

PÈLERINAGE A ALENÇON ET LISIEUX

A Alençon :

Maison natale, 42, rue Saint-Blaise, 61000 Alençon.
Eglise Notre-Dame.

A Lisieux :

Les Buissonnets, la chapelle du Carmel, la salle des reliques, la basilique, la cathédrale Saint-Pierre.

Consulter la Direction des pèlerinages, 33, rue du Carmel, BP 95, 14102 Lisieux, Cedex, tél. 31-31-49-71.
Un film sur Thérèse, de Philippe Agostini et P. François de Sainte-Marie, est projeté en permanence, près de la crypte de la basilique.

CASSETTES, DIAPOSITIVES, DISQUES

Se renseigner à l'Office Central de Lisieux : OCL, 51, rue du Carmel, 14100 Lisieux.

Table

Dans la même collection

René Laurentin, *Petite vie de Bernadette*, 1987.
Raymond Peyret, *Petite vie de Marthe Robin*, 1988.

En préparation :

Albert Longchamp, *Petite vie de saint Ignace*.

Achevé d'imprimer le 10 juin 1988.
sur les presses de BRODARD ET TAUPIN.
à La Flèche (Sarthe) — 6588-5.
Imprimé en France — Dépôt légal : juin 1988.